オードリーのNFL倶楽部

若林のアメフト熱視線

オードリーのNFL倶楽部・編

文藝春秋

オードリーのNFL倶楽部

若林のアメフト熱視線

はじめに

この本を手に取ってくださり、ありがとうございます。

本書は、とっても高度なスポーツ教本であり、テレビ番組本であり、そしてクスッと笑える本です。

恐らく今までどこにも存在したことがない、大変に画期的な本になったのではと思っています。

「オードリーのNFL倶楽部」は地上波唯一のNFL専門番組。前身の番組から数えてちょうど30年目、オードリーさんが司会となってから9年目の歴史ある番組です。3年前から僕が番組プロデューサーを担当することとなり、オードリーさんと初めてお会いした席で、若林さんからボソッと「アメフトの戦術を解説するコーナー、やってみたいんですよね……」と話しかけられました。「芸人仲間などにビデオを巻き戻ししながら説明すると、皆がへ〜、面白いって言ってくれるんですよ」と。オードリーさんはお二人ともアメフト部出身、かくいう僕もアメフト部。全く同じ思いでした。

アメフトはルールが難しいと敬遠される方が結構います。実はそんなことはないのですが（野球の方がよっぽど難しい）。でもルールなどはさて置き、戦術の面白さを「ど真ん中」においてみたらどうかという点で、心の底から共感したのです。

例えば、ランニングバックが独走した時は「足が速いね〜」ではなく、「ナイスブロックがあったよね〜」という見方をしていく。そのブロックに注目すると、強い体当たり（格闘技）だったというだけでなく、ディフェンスの逆をついていた（頭脳戦）、敵が思ってもいないタイミングだった（心理戦）などの要素が交錯していることがすぐにわかります。実はアメフトでは全プレーでこれらが交錯しているのです。まるでボードゲームに参加している様な感覚で頭脳戦、心理戦を楽しむことができるのです。そこにＮＦＬ選手の超人的なスーパープレーが重なる。ＮＦＬ中継がアメリカの全テレビ番組でダントツ視聴率トップの理由、老若男女を問わず引き込む魔法の様な魅力はそこにあるのです。

しかし番組コーナーとして成立させるためには番組スタッフ達にアメフトの戦

術知識がまだ少なく、プレー選びやチャート作成、VTR内容指示などに僕が入り、毎週の本番に備えていました。プロデューサー自らというのもあまりない例ですが、たまたまアメフト部時代のポジション柄（クォーターバック）、この手の作業に慣れていたことも大きかったと思います。今やスタッフもレベルが完全に上がり、本番前に僕とスタッフと若林さんで激論したりしています。それを春日さんが聞いていないふりして、聞き耳たてまくっています（汗）。

そして若林さんの解説に春日さんがチャチャを入れながら、最後に若林さんの格言でまとめていただくという流れでコーナー企画が確立、放送を開始したところ、各所から大反響！　今シーズン（2017―2018年）より4年目に突入してますます進化を遂げているところです。

こんなアメフト番組、いやスポーツ番組は、未だかつて日本に存在していなかったのではと思うほどの面白さになりました。

本コーナーを本場NFL側にも見せたところ大絶賛、現役NFLコーチも大爆笑。オチで笑えるアメフト解説など今まで見たことがないと太鼓判！　若林さんが繰り出すアメフト戦略をしっかり踏まえたオリジナル格言はさすがとしか言いようがありません。番組MCがオードリーさん、そして若林さんであるが故の素晴らしい「奇跡」です。若林さんは「アメリカのアメフト番組を超えてやる」と言っていましたが、もう超えちゃったかもなのです。

この度、この奇跡を何とか書籍化できないかと「Number」さんに打診したところ、企画の本質を見抜いていただき、スポーツ出版の王道「Number Books」として、画期的な一冊が誕生するに至りました。心より感謝申し上げます。

この本を通じて、ぜひともアメフトの「魅力」をご堪能いただけたら幸いです。

佐野　徹（日本テレビ　スポーツ局　プロデューサー）

CONTENS

PART 1

PART 4

若林の熱視線

プロローグ――オードリーとアメフトの出会いとは?

若林正恭とアメフトの出会いを教えて下さい。

若林「もともと親父がアメフト好きだったんです。ジョー・モンタナ（1980年代にスーパーボウルで3度のMVPを獲得した伝説のクオーターバック）の時代に家でテレビを見ながらルールやプレーの解説をしてくれていたのが僕のNFL原体験ですね。でも、言葉での説明より、テレビ画面から伝わってくる迫力の方に圧倒されてしまった。日本ではあり得ない規模のスポーツエンターテインメントが、ここでは行なわれている！　そんなことを子供心に感じとったような気がします。

中学時代（日大二中）は、ラグビー部に入ってスクラムハーフをやっていました。高校（日大二高）でも続けようと思ったら、ラグビー部の練習場が立川だったのです。僕は当時、西荻窪に住んでいて、学校は荻窪。自転車通学がしたくて学校に入ったのに、バスでグラウンドに通わなくてはいけないなんて。それでは意味がないと思って、〝楕円球つながり〟で多少は馴染みのあるアメリカンフットボール部に入ったわけです。でも入部当初はどんなポジションがあるのかもよくわかっていなかった。

日大二高では、入部した高校1年の4月は仮入部期間で、5月から自分の希望ポジションを志願することになっていました。僕は、部活に出て練習はするものの、アメフトの教本を読んだり、ルールの勉強をしないから、5月になっても自分に合ったポジションがわからなかった。というより、そもそも、それぞれのポジションの役割もクオーターバック（QB）くらいしか理解していなかったんです。4月の仮入部期間、1年生はみんなライン（オフェンスライン、ディフェンスライン）の練習をしていたので、5月になってもそのままラインをやっていた。

そうしたら、先輩から『お前は違う。ラインじゃないよ』と指摘されたんですよ。『ランニングバックか、ワイドレシーバーか、ディフェンスバックだな』と言われて、『どこでもいいんです』みたいな感じで答えたら、少し足が速かったせいかランニングバックに行けという流れになったわけです。

あれから20年以上がたちました。アメフトのポジションもわからず入部した僕が今は、日本唯一のNFL専門番組『オードリーのNFL倶楽部』のMCを務め、戦術やスーパープレーの裏側を詳細解説する『若林の熱視線』というコーナーも担当しています。

当時は自分の感覚や足の速さを頼りに、ひとりよがりなプレーをしていたこともありますが、解説をする立場になり、世界最高峰のプレーを俯瞰で数百試合も観ることにより、理解できることがたくさんあります。

そして、当時は『うるせぇ〜な〜』と聞いていた部活の先輩たちの言葉の意味も身にしみてわかります。芸人人生にどうやって生かされているのかはわからないけれど、少なくともアメフトで培ったものは僕の血肉になっているはずです」

春日俊彰とアメフトの出会いも教えて下さい。

春日「私の場合は、幼い頃から朝は『ズームイン朝』を見ると決まっていたんですよ。アメフトに関係ない？　いやいや、大いに関係あるんです。朝は常に『ズームイン朝』が放送されている家庭で、なぜか2月の第1週目の月曜日だけ〝よくわからない＝得体の知れないスポーツ〟が割り込んでくるわけです。『なんだよ！　ズームイン朝をやらないでよくわからないスポーツをやっているな』というのが、今考えればアメリカンフットボールとの出会いであり、第一印象かもしれませんね。

　初めてスーパーボウルを観たのが中3の時。なぜ、スーパーボウルを観たのか？　テクモ・スーパーボウルというゲームをやっていた影響なのかな。ゲームをやっていたからアメフトに興味を持ったのか、スーパーボウルを見たからゲームにハマったのか？　今となっては記憶が定かではないのですが、中3（1993年）に観たビルズvs.ダラス（・カウボーイズ）の試合は覚えています。ダラスのランニングバック、エミット・スミスがすごくてね。スピンだけでフィールドの端から端まで100ヤード（91・4メートル）走れますから。一気にダラスファンになったわけでございます。

私は中学時代（日大二中）、水泳部でございましたが、高校（日大二高）にアメフト部があることは知っていましたから、入りたいなと思っていまして。実際、うちの学校は中等部の水泳部から高等部のアメフト部に行くという流れは結構あったわけです。そんなこともあり、高等部のアメフト部の練習を見ていたら、鎧みたいなショルダーとメットをつけていてカッコイイんですよ。休憩の時にヘルメットの上に座っている先輩の姿も、妙にイカしている感じがして。

高校で実際にアメフト部に入ってからは、若林さんと同じで4月は仮入部、5月から希望ポジションを聞かれて、私はクオーターB（QB）のところに行きました。私もその頃はQBか、パスをとる人（ワイドレシーバー）、そしてエミット・スミスのポジション（ランニングバック）くらいしか知らなかったもので……。でも、しばらくしたら『お前、ラインに行け』と先輩から言われました。体格的に新入生のデカイ方から4、5人という感じで。

これが、私のアメフト初体験でございます。

私も若林さん同様、アメリカンフットボールという競技をプレーしていなければ、だいぶ違った人生になっていたように思います。事実、母校・日大二高での『トゥース』という掛け声は、私の代表的なギャグにもなっているわけですし、正直アメフトがなかったらどうなっていたんだろうと、ゾッとすることもあります。性格に関してもそうですね。

日本におけるマイナー競技のアメフトをやったから、こういう性格になったのか、もともと曲者志向だからアメフトを選んだのか？　いずれにしろ、アメフトをやったことは自分にとってプラスだったと思うのです」

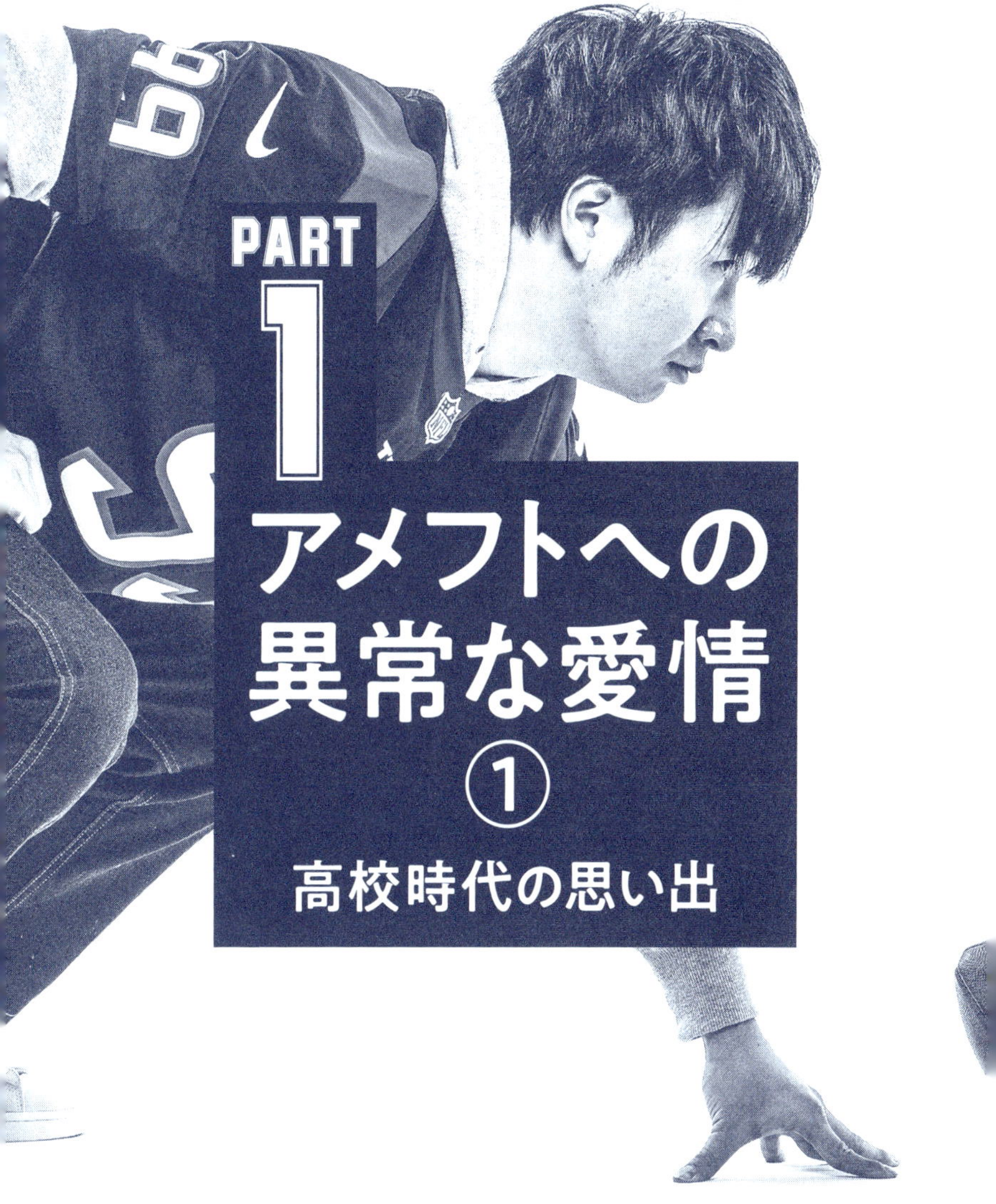

PART 1
アメフトへの異常な愛情 ①
高校時代の思い出

若林正恭の思い出

MEMORIES OF WAKABAYASHI

1 タックルダミー転落事件＠長野

長野県のスキー場に夏合宿に行った時の苦い思い出があります。グラウンドは山の上にあって、僕たち1年生は雪のない夏のゲレンデを50～60キロのタックルダミーをかつぎながら練習前と練習後に登り下りするわけです。これは、かなりしんどい。ある日の練習後、くたくたになりながらタックルダミーを背負って斜面を下っている時に、ふと下をむいたら、自分の右膝にとのさまバッタが止まっていて……。虫嫌いの僕は、思わず「ウワッ」となって、50キロ以上あるタックルダミーを手放してしまったんです。そうしたら、タックルダミーが斜面をどすん、どすんと転げ落ちていき、2個上の3年生の先輩ヌクシナさんの背中に直撃してしまった。そして、タックルダミーとヌクシナさんが一緒になって斜面を転げ落ちていったんです。

その結果、先輩方から「ヌクシナが試合に出られなくなったら、どうするんだ!」と責められ、僕は坊主になった次第です。

2 独走75ヤードの真相

高校2年の時に東京都でベスト4に入ったこともあり、早稲田大学の伏見グラウンドでセレクションも兼ねた紅白戦を行なったことがあります。相手は早稲田大学の1年生でした。

この試合で僕は75ヤードを独走してタッチダウンを決めました。というのも、早稲田ディフェンスがインサイドにブリッツ(→熱視線03=P72参照)を仕掛けてきたところをピッチ・オープン(QBからトスを受けたランニングバックがオフェンスラインの外側を走るプレー)だったので、アウトサイドのラインバッカーとディフェンスバックを抜いて走り抜けることができたんです。ピッチ・オープンだから余計に速く見えたのかもしれません。試合後に早稲田のアメフト部の方々から「君、速いね。早稲田に入りなさい」とお誘いを受けました。

でも、当時の僕は日大二高で評定平均が5段階中の2・3だったんです。早稲田の推薦枠をとるには4・6〜4・7が必要なのに、それこそ3年に上がれるかどうかも怪しい成績でした。そのことを伝えると、早稲田の方々がざわついて、一人シュッとした人を連れてきました。

「こいつが8カ月間、無料で家庭教師についてやるから、一緒に勉強して大学でアメフトやろうよ」と。

そもそも僕は早稲田に入れるような学力もないと思っていたし、紅白戦でもそれほどやる気を出して臨んでいたわけでもないので、「いやー、いいっす。無理っす」みたいな返事をして。今にして思えば、真面目に勉強して仮に早稲田に入れたとしても、僕のような生意気なヤツはめちゃくちゃ絞られていたでしょうね。

3 名門・駒場学園からの勝利

高1の冬に長距離走をやっていた時のことです。当時の僕は、自分で言うのもなんですが、長距離走が得意で、アメフト部で同じポジションだった1つ上の先輩を追い抜こうとしたんです。その瞬間に先輩から肩をひっぱられ、足をかけられて転んでしまった。僕はそのことにショックを受けて、アメフト部を2カ月間やめていた時期がありました。

その頃、足をひっかけた先輩からは何度も実家に電話がかかってきたのですが、母親から受話器を渡されるたびに、すぐに切っていましたね（笑）。学校でもなるべく会わないように逃げ回っていました。

そんな日々を過ごしているうちに、春の大会が近づいてきて、遂に先輩につかまり「頼むから、出てくれ！」と説得されまして、そこから練習に復帰しました。その後、東京都大会の準々決勝で全国大会の常連校である名門・駒場学園と当たり、何と僕ら日大二高が勝ってしまったんですよ。

しかも僕はその試合で最も走ったランニングバックみたいな評価をされて、結構活躍できたんです。試合後、足をひっかけた先輩が寄ってきて「お前がいなければ、駒場には勝てなかったよ」と言ってくれました。大きな木の横で2人、号泣しながら抱き合いました。男子校の甘酸っぱい思い出です（笑）。

余談ですが、この試合中、僕はアドレナリンが出ていたせいか、第4クォーターの勝てるか勝てないかの瀬戸際で、駒場のタックルを受けながら「まだまだ〜」と叫んで走っていたみたいなんですね。翌日から1カ月くらいは部員から「まだまだ」と呼ばれていました。こちらは、少し恥ずかしい思い出です。

4 脳震盪でケンカを売っていると勘違い

高1の最初の頃はキックオフで相手に激しいタックルをお見舞いしたりすると、先輩に認められてレギュラーの座が近づくんですよ。激しければ激しいほど「男気がある」とみなされる。

僕も張り切ってキックオフと同時に相手の190cmくらいある選手に全速力でぶち当たったことがあります。その結果は……自分の全速力と同じ反発力を受けて吹き飛ばされ、後方に2回転でんぐり返しをしてしまった。

朦朧としながら立ち上がると、すべてのものが3重になっていました。完全に脳が揺らされているから、自分のチームのベンチの方向すらわからない。でも、早く戻らないと怒られるから、何とか歩いて行った先が相手のベンチだった(笑)。しかもぼーっとしていて、ゆったりと歩いているので、ケンカを売っていると勘違いされまして。慌てて先輩が僕の首根っこをつかんで、自分たちのベンチまで引きずっていきました。

「お前が敵ベンチにケンカ売りにいくなんて、10年早いんだよ！　メット取れ」と言われて。そうしたら、寄り目で思い切りなめた顔になっていたらしく、「何だ！　その顔は」と怒られて思い切りビンタされました。今となっては、ネタにできる思い出です。

春日俊彰の思い出

MEMORIES OF KASUGA

1 メットがきつくて……

アメフト部に入部してメットを買ったらきつくて仕方がなかったことを覚えています。特に頭の付け根の部分が痛いから、広げようとして辞書とかありったけの教科書を挟んでいました。部活の前もそうですし、終わった後も国語辞典とか、数学の教科書とか、資料集的なものとかをギチギチに詰めて次の練習まで置いておくということを繰り返しておりました。

結局、私は頭が大きいから他の部員とは違うメーカーのヘルメットを着用していました。みんながつけているリデルはシュッとしていて格好いいんですけど、私のはどこかボテッとしていて、形も一人だけ違う。恥ずかしいから、ベンジンでメーカー名を消して、マジックで「リデル（Riddell）」と書き直したりしていましたね。

あとはメットの後ろにシールを貼っていたかな。ランニングバックやワイドレシーバーであればタッチダウン、ラインバッカーであればサック（→熱視線10＝P100参照）した数の星のシールを貼っているのですが、私のやっていたディフェンスラインでは、サックなんて1年に1回できるかどうか。星の数が増えていかないから、仕方なくバナナのシールなどを貼って代用していましたよ。

2 20年来使い続けているタオル

早稲田大学の伏見グラウンドで若林くんが75ヤードを独走した試合。休憩中にヘルメットの上に座っていたら、大学生に注意されてしまいました。「ヘルメットの上に座ったらダメだぞ〜！」って。日大二高ではOKだったのですが、早稲田大学ではご法度だったんでしょうね。

紅白戦の後で部室みたいなところに連れて行かれて、ピザがたくさん置いてあったのを覚えています。「おぉ〜、ピザだ！」みたいな。今、思えばスカウトというか、〝接待〟のようなものだったのかもしれません。

その時に配られた「早稲田米式蹴球部」と書かれたえんじ色のタオルは、20年以上たった今でも愛用しております。厚くて丈夫なタオルで、今日も普通に顔をふいてから、番組の収録に参りました。

3 ゲン担ぎのマル秘Tシャツ

私には試合のときだけ着用する特別なTシャツがありました。なぜかは説明しがたいのですが、胸の乳首の部分だけ穴があいていて、ショルダーの下にそのTシャツを着て試合に臨むと、妙に集中力が増すんです。いわば、ゲン担ぎのようなものでしょうか。

ショルダーの下なので、他人にばれることはないのですが、こんなTシャツを着て真剣にプレーしている状況が自分のテンションを上げる。秘密を抱えながら試合をしているというか、バレるはずはないけど、万が一バレたらどうしようというスリルが集中力を一段引き上げていたのかもしれません。

ところが、この秘密が本当にバレそうになる危機が訪れました。高1の時のある試合で私は、右のディフェンスエンドだったのですが、相手チームのオープン攻撃を何度も何度も許してしまったのです。あまりにも自分が狙われるものだから、後ろのラインバッカーの先輩に「ちょっとお願いしますよ」と頼んだら、「てめえで何とかしろ！」と怒鳴られてしまいまして。そのことがキャプテンにも伝わって、試合後に呼び出されてしまいました。「ショルダーをとって、ちょっと来い」と。まさか乳首に穴のあいたTシャツを見せるわけにもいかないので、胸の前で腕を組みながらキャプテンのところに行ってお説教を聞いていたわけです。当然のことながら「お前、その態度は何だ！　腕を解け」と怒られまして。でも秘密を死守するためには絶対に腕は解けない。腕を組んだまま「すみません。すみません」と謝り続けていると、ついに「なめてんのか！」と殴られてしまったんですね。この段になっても腕を組み続けていたので、その体勢のまま地面に転げ落ちてしまいました。こうして私は禁断の秘密を守り通したのです。

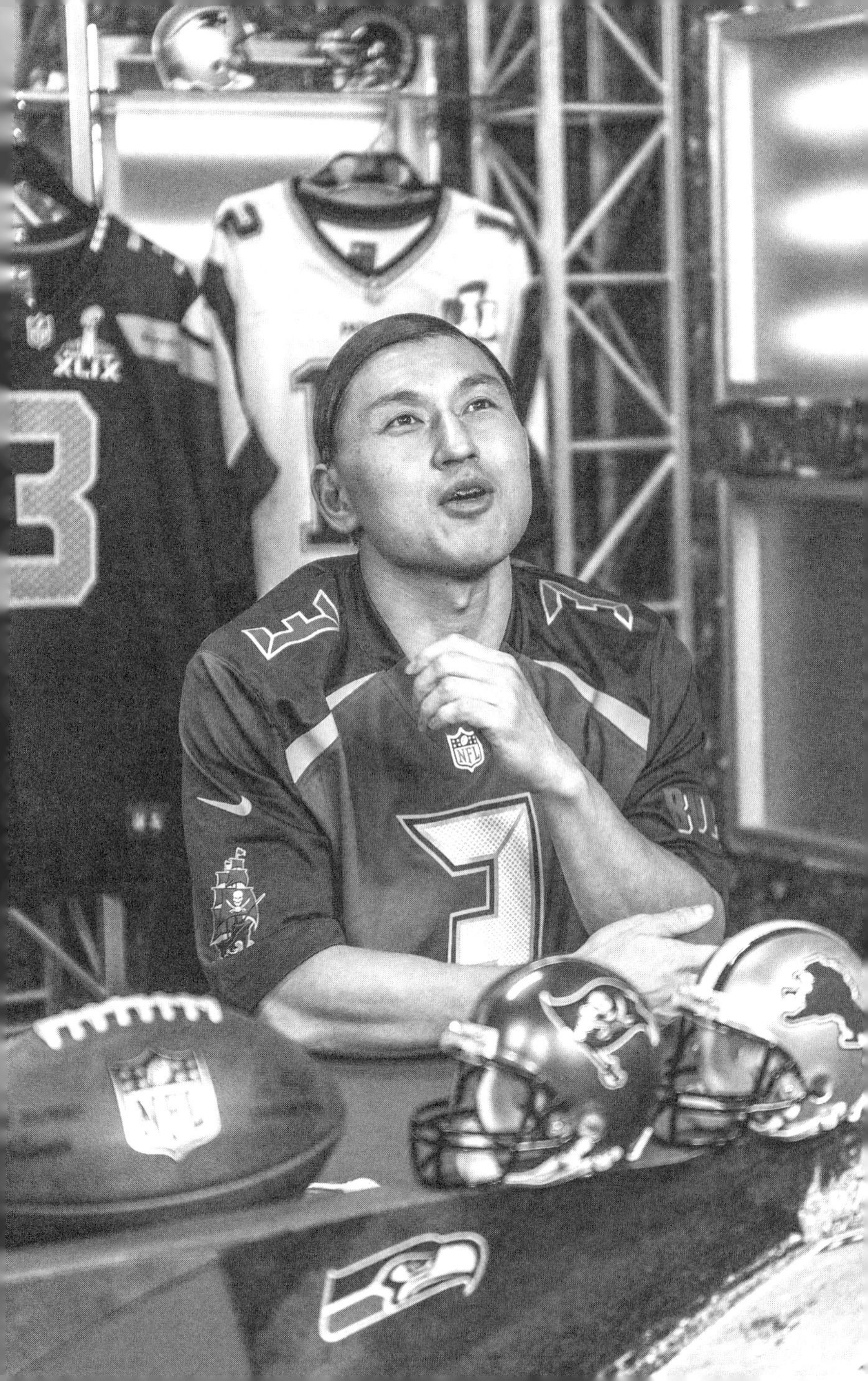
XLIX
NFL
NFL

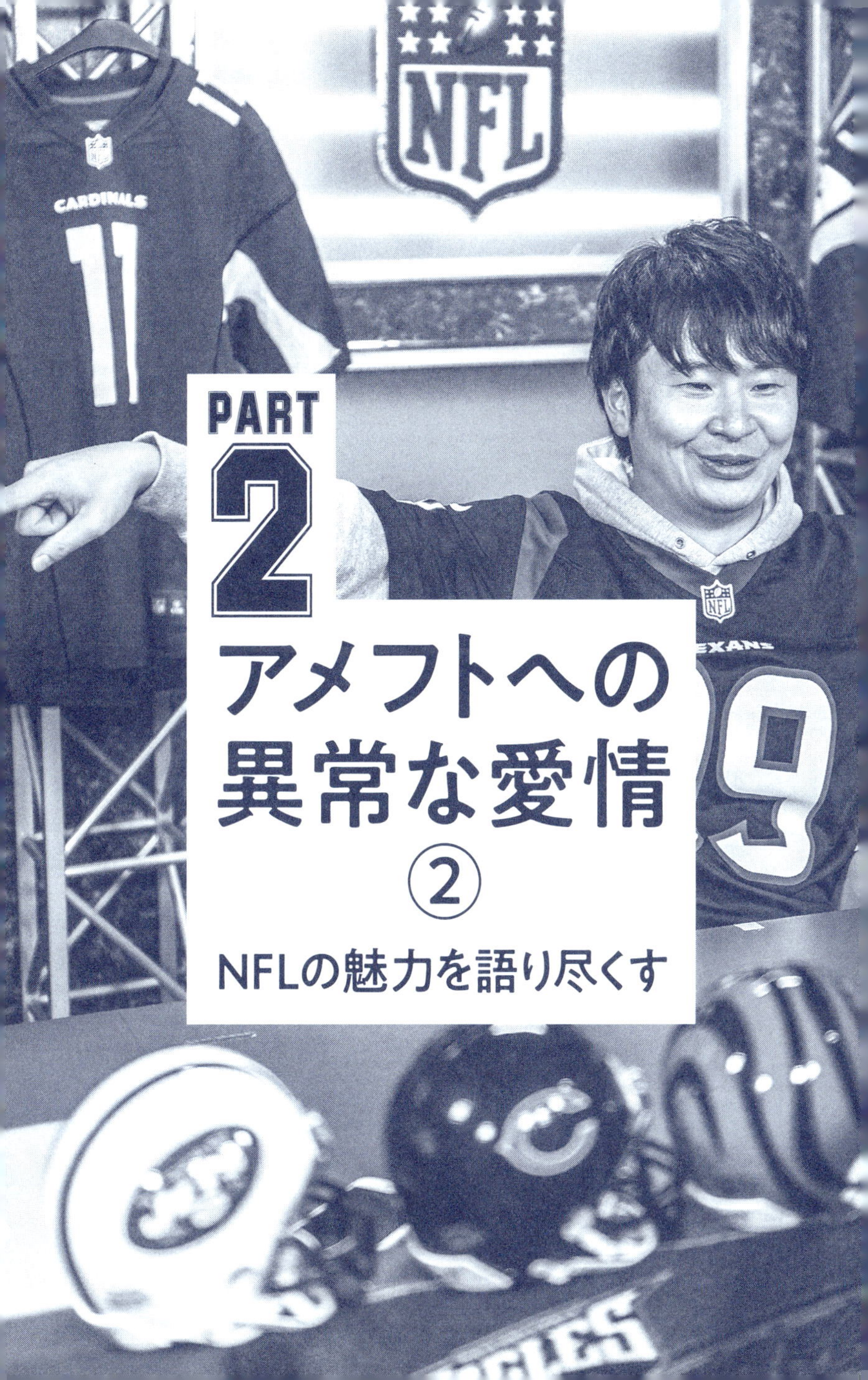

PART 2

アメフトへの異常な愛情②

NFLの魅力を語り尽くす

スーパーボウル戦績

	若林 応援チーム	スコア	春日 応援チーム	開催地	MVP
44回（2010年）	**セインツ**	31 − 17	コルツ	マイアミ	ドリュー・ブリーズ（QB）
45回（2011年）	**パッカーズ**	31 − 25	スティーラーズ	アーリントン	アーロン・ロジャース（QB）
46回（2012年）	ペイトリオッツ	17 − 21	**ジャイアンツ**	インディアナポリス	イーライ・マニング（QB）
47回（2013年）	49ers	31 − 34	**レイブンズ**	ニューオリンズ	ジョー・フラッコ（QB）
48回（2014年）	**シーホークス**	43 − 8	ブロンコス	ニューヨーク	マルコム・スミス（LB）
49回（2015年）	**ペイトリオッツ**	28 − 24	シーホークス	グレンデール	トム・ブレイディ（QB）
50回（2016年）	**ブロンコス**	24 − 10	パンサーズ	サンタクララ	ボン・ミラー（LB）
51回（2017年）	ファルコンズ	28 − 34	**ペイトリオッツ**	ヒューストン	トム・ブレイディ（QB）

＊ QB ＝クオーターバック　＊ LB ＝ラインバッカー

若林　僕たちはこれまでNFL倶楽部で8回（第44回＝2010年〜第51回＝2017年）もスーパーボウルを生観戦する幸運に恵まれてきました。毎回、度肝を抜かれるようなプレーやその裏側にある戦略にうならされると同時に、ゲーム外でも様々な出会いやエピソードがあったな。

でもやっぱり一番印象に残っているのは初めて生観戦した44回のスーパーボウル（コルツvs.セインツ）だね。人生の中でベスト3に入るくらいのカルチャーショックだった。日本にはアメフト専用のスタジアムはないけど、マイアミのフィールドは8万人の観客で超満員だった。うおぉー、これは何だという感じでしたね。

信じられないかもしれませんが、この頃はM−1グランプリで準優勝（2008年）して、オードリーブームだったから、この試合を観戦するためにスケジュールを空けるのが大変だったわけです。あえてたとえるならば……今のにゃんこスターの何倍くらいだろう？　春日さん、どうですかね。

春日　うーん。まあ、軽く二桁倍ですかね。つまり10倍以上ということで。

若林　それは、言い過ぎだろ。とにかくスケジュールがツメツメの中でアメリカ行きの飛行機に乗りまして。人生の中でめちゃくちゃすごいことだとはわかっていながら、あまりに疲れていたので、機内ではずっと寝てしまって。マイアミに着いてもぼーっとしていたのですが、スタジアムに入った瞬間に一気に目が覚めた。そういえば、春日は骨折していたよな。

春日　スーパーボウルを生で観られる日が来ようなんて、夢にも思っていなかったから心待ちにしていたのに、出発の2週間前くらいに足の骨を折ってしまいまして。ぱっと足を見たら、足首があさっての方向に向いていたんですよ。その瞬間によぎったのは、「やばい。スーパーボウルに行けなくなるかも」ということでしたね。とっさに足首を正しい方向に自分で戻した。今のなし、リセットボタンみたいな（笑）。

病院に行ったら、手術が必要だと。当時は〝ブーム〟だったので、毎日のようにお仕事が入っていて、ＣＭ撮影などデカい案件もあったから、マネージャーはそちらを心配するわけ。でも私は2週間後のスーパーボウルに間に合うかどうか。それしか頭になかったですね。病院の先生に「アメリカに行かなければいけないのですが、大丈夫ですか？」と聞いたら「うーん、飛行機は気圧の関係で痛むかもしれませんねぇ」と言われた。そういうことであれば、自分が耐えればいいいだ

オードリー初のスーパボウル観戦（44回）。春日は骨折をおしてアメリカへ。

51回、NRGスタジアムで番組プロデューサとともに。この後、大逆転劇が……。

45回（2011年）に購入したピンクのテンガロンハットは、春日の代名詞に。

けの話だから。結果、マイアミにたどり着くことができたわけです。
夜に空港に着いて、若林くんに車椅子を押してもらいながら、海沿いの一番盛り上がっているエリアにコルツのジャージを着てロケに行くと、セインツファンにすごくいじられまして。「お前はコルツファンだから、怪我をするんだ」と。

若林　あの時は確かフリーニー(コルツ)も足を怪我していたんだよな。それをネタに、春日が「アイム・フリーニー」みたいなことを言ったんだけど、全くウケていなかった。

春日　そうだっけ?　あとは選手全員のサインが入った10万円くらいのパネルを買っているおじさんに遭遇して、レジでお金を払った瞬間に「タダで譲ってほしい」と言ってみたり。とにかく、何もかもがテレビで見ていたままの世界だったんで、面白かったな。

あの場面でオンサイドを選択する勇気!

若林　僕もその時は人生でスーパーボウルを観られるのは1回きりだろうと思っているから、とにかく試合を目に焼き付けておこうと。特に後半(第3クォーター）開始の時のセインツのオンサイドキック（キックオフのチームが意図的に短いキックを蹴って、攻撃権獲得のために自分たちでボールを取ることを狙う。ただ、成功率は25%とかなり低い）は鮮明に覚えているな。それまではコルツペースだったのに、一気に流れが変わってセインツが逆転勝利。セインツはショーン・ペイトンがヘッドコーチだから、オンサイドしてくるでしょ。いやー、ないでしょう、みたいな話をしていたけど、実際にやってきた。あの場面でオンサイドを選択する勇気！ すごかったなあ。

51回（2017年・ペイトリオッツvs.ファルコンズ）はスーパーボウル史上初の延長戦でペイトリオッツの逆転劇。この試合も相当興奮したけど、やっぱり初体験の44回の衝撃は忘れられない。

ブレイディ様に託した57秒間の攻撃

春日 私は、46回（2012年）のペイツ（ペイトリオッツ）対ジャイアンツの戦いも印象に残っているな。第4クオーターの残り1分を切ったところで、ペイツはジャイアンツのアーマド・ブラッドショーのランをわざと止めずにタッチダウンさせたでしょう。これで逆転された（17－21）のですが、残り57秒間をQB（トム・）ブレイディ様に託したわけですよね。それで、ブレイディ様が最後にエンドゾーンに投げたロングパスをグロンコウスキーがキャッチできなくて、ペイツは負けてしまったんですけれども。こういうプレー、戦術はまさにスーパーボウルならではという感じがしますね。

若林　お前、やけに詳しいな。別に解説者ぶらなくていいんだよ。

春日　もちろん、プレー以外でもいろいろ思い出深いことはありますよ。46回はインディアナポリスで開催されて、フーターズの店員の女の子と仲良くなったなあ。帰国後に我々のラジオ番組で生電話したら、いたずら電話だと思われて切られてしまいましたけどね。あとは、インディーカーのレース場に行って地面にキスしてみたり。

若林　47回（2013年）のニューオリンズでは、お化け屋敷に行ったよね。ロケが押したせいか、ゾンビメイクしたお化け役が駐車場に停めてある車の中で待機している様子をお化け屋敷に入る前に見てしまったという（笑）。

この時は、第3クオーター途中に停電があって、試合が中断したんだよな〜。

46回@インディアナポリスで訪れたフーターズでは店員と仲良しに!

インディアナポリスの会見場で選手気分を味わいテンションが上がる二人。

47回(2013年)のニューオリンズではゾンビメイクの方々と記念撮影。

くりぃむしちゅーの上田（晋也）さんも一緒に現地で観戦したんだけど、ふたりで〝停電ボウル〟なんて言っていたな。

そういえば、春日はスーパーボウルではいつもテンガロンハットかぶっているよね。あれはどうなの？

春日　45回（2011年）にダラス・カウボーイズの本拠地でスーパーボウルが開催されたので、カウボーイにちなんでピンクのハットを購入したんですよ。以来、スーパーボウルにはテンガロンハットをかぶって臨んでおります。レッドカーペットでもこれが人気でね。46回（2012年）に会ったジョー・ネイマス氏とは友人ですし、48回（2014年）でキコ（・アロンソ）くんに披露したデビルフェイスのモノマネはNFLの公式ホームページでも紹介されましたから。全米では、KASUGAの存在はだいぶ知られていると思いますよ。いわゆるスーパーボウルの名物男的な感じでね。まあ、次回も全米中が待っているんじゃないですか。ピンクのテンガロンハットをかぶったジャパニーズが上陸してくると。

若林　なわけないだろ！　スーパーボウルはアメリカンフットボールの頂点を決める戦いですが、そもそもNFLの選手というのは、トップクラスのアスリート

48回（2014年）の真冬のニューヨークで春日が肉体美を披露！

スタジアムに併設されたアトラクションで真剣にボールを投げる若林！

レッドカーペッドでデビルフェイスのギャグを何度も繰り返す春日。

なんですよね。2メートルを超える選手が40ヤード走を4秒台前半（40ヤードは約36・6メートル。50メートル走に換算すると5秒台）で走ったりするわけです。WWEで史上最年少チャンピオンになったブロック・レスナーですら、NFLの選手になろうとしてキャンプまでしか行けなかったくらいだから。

春日　少年春日が魅せられるのは、まさに超人的なプレー、派手なプレーですね。他にはあまりないような激しいスポーツ！　身体能力の高さに基づいたプレーの激しさと戦術的な部分。知れば知るほど奥が深いよなー。

アメフトには〝捨てプレー〟がひとつもない

若林　アメフトのアメフトたる所以というのは、本当の意味で〝捨てプレー〟がひとつもないこと。だって1回1回プレーを止めて、作戦を練るスポーツなんて他にないでしょ。野球ファンの方には怒られてしまうかもしれませんが、ボテボテのセカンドゴロみたいなことがアメフトにはないわけですよ。オフェンスであれば誰かがゲインし、ディフェンスであれば誰かがブロックする。つまり、ひとつひとつのプレーに明確な意図があり、誰かのファインプレーが隠されているわけで

50回スーパボウルは女優の相武紗季さんも現地に。サンタクララのリーバイス・スタジアムにて番組スタッフとともに撮影。

すよ。捨てプレーがないから、一瞬たりとも気が抜けない。すべてのプレーが面白いし、そこには必ずデザインされた意思があるんです。本当は「若林の熱視線」で全部のプレーを詳細解説したいくらい。単行本で120巻くらいまでは出せますよ。

春日　緊張感という点では、NFLは試合数が少ないというのはあるよね。レギュラーシーズンは9月〜12月までの4カ月間で16試合ですから。日本のプロ野球にたとえるならば、ペナントレースが9月にゲーム差なしで始まるみたいな。どうあがいても楽しめるシステムが完成されているわけですよ。チームで使えるお金が決まっているから、ずっと強いチームがないというのもポイントですね。弱かったチームが毎年1、2チームは必ず上がってくるのも面白い。私なんて、今でこそバッカニアーズびいきでありますが、これまで17チームも応援してきた歴史がありますからね。

若林 NFL全チームの過半数を超えているな（笑）。

春日 のべ数にするともっと多い。ジャイアンツなんて4回もファンになったくらいですから。こうなったら全チーム制覇を目指そうかな。とにかくNFLの魅力はアメリカのすべてがそこに詰まっているということ。特にスーパーボウルなんかは、ハーフタイムショーも含めて「ザ・アメリカ」を感じることができる。

トランプ大統領がNFLに介入？

若林 2017-2018シーズンでは、トランプ大統領の問題もあって、NFLが報道ニュースに取り上げられる機会も多かったね。試合前の国歌斉唱を巡って、トランプ大統領がツイッターで物議を醸した。もともとNFLでは人種差別への抗議の意味を込めて、国歌斉唱の際に選手が膝をつくことがあったのですが、それをトランプ大統領が批判したんだよね。
「国歌斉唱の際に起立しない選手がいた場合、オーナーはその選手をクビにすべきだ」と。

春日 このニュースを知った時、私は悲しみましたよ。国歌斉唱の件は、普通の報道番組でも取り上げておりましたが、NFLがニュースになる時って、だいたい悪い話題ですからね。第51回スーパーボウル（2017年）のように、世紀の大逆転劇ですらニュースにならないのに、選手が国歌斉唱で膝をついただとか、ジャネット・ジャクソンがポロリしただとか、そんなことばかり（笑）。マイナスな側面で注目されるのは、私としては残念というか不本意ですよ。

若林 別にお前が報道のテンションで語らなくていいんだよ（笑）。

春日 まあ、トランプ大統領には「お控えください」というメッセージだけでも出したいなとは思っていますがね。

若林 何の影響力があるんだよ！

春日 まあ、言い過ぎてしまうとトランプ大統領に睨まれちゃうかもしれないから、ほどほどに。

若林　絶っ対に知らないよ、お前のことなんて（笑）。

まあ、とにかく僕らは、深夜放送ながら日本テレビの地上波で「オードリーのＮＦＬ倶楽部」という冠番組のＭＣを務めさせてもらっています。この日本唯一のＮＦＬ専門番組を世の中にもっと広めるためにも、影響力のある方、例えば（アメフト好きな）作家の村上春樹さんあたりに番組スポンサーになっていただきたいところですね。

春日　なんで大作家がつくんだよ（笑）。でも、アメフト好きは、くりぃむしちゅーの上田（晋也）さんや相武（紗季）くんをはじめ、芸能界にもたくさんいるから協力していただけたらありがたいですね。

若林　番組ではプロ経験もない芸人の僕に「若林の熱視線」というプレー解説を担当させていただいているのはすごいことだと思う。でも僕は、アメリカのメディアに追いつけ、追い越せという気概でこのコーナーに臨んでいますからね。「オプションプレー」とか「プルアウト」というアメフト専門用語をもはや説明せずに解説しているし。もはやこれくらいは知っているだろうということでね。

今後もこのまま視聴者、読者のみなさまを置いてきぼりにして突き進んでいきます（笑）。

春日　もちろん春日も理解しておりますけど、番組ではあえてピエロになっている次第でございます。

若林　コアなファンや読者には「いやいやあれはオプションだろ！」「いや、決め打ちだ」みたいな議論を大いにしてほしいです。結局のところ、選手本人たちも本当のことは言わないので、永遠に答えはでないんですけど……だから話さなくていいんです。それぞれの感じ方で「熱視線」を楽しんでもらえればいいと思います。

Riddell

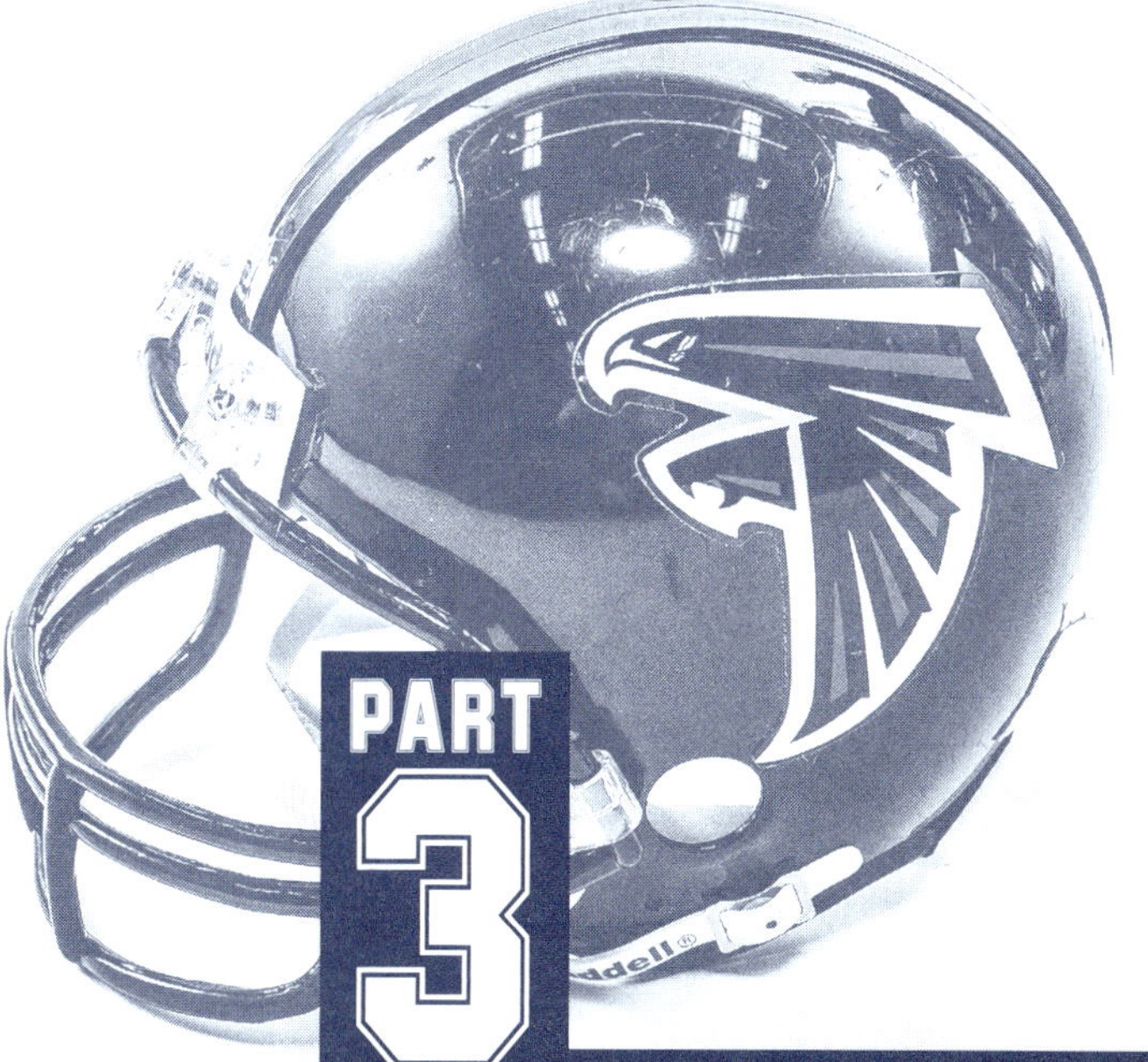

PART
3
オードリー式ポジション解説

POSITION《ポジション》解説

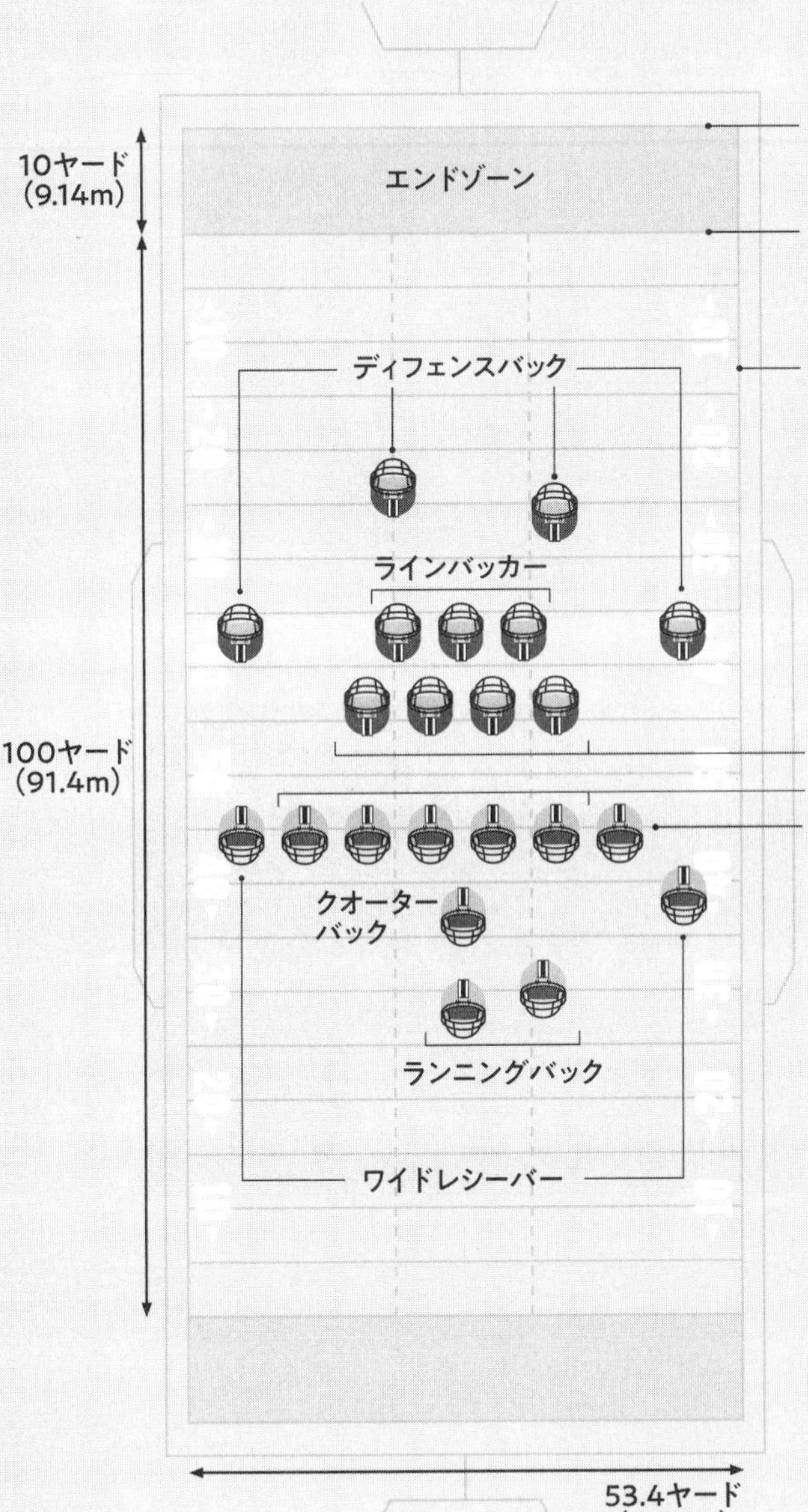

しっかり覚えよう！

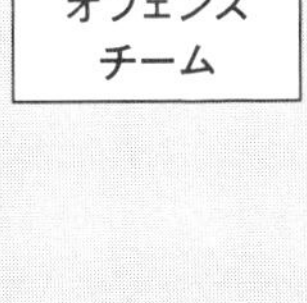

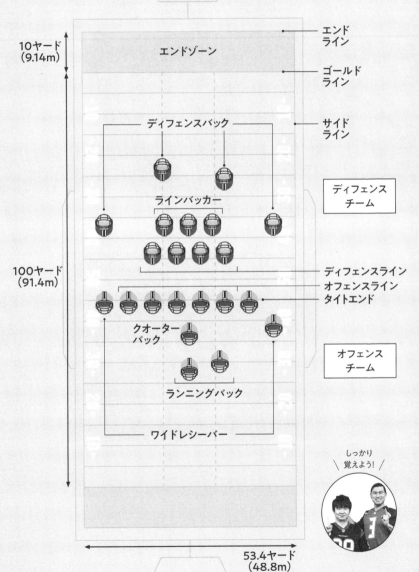

初心者のための

アメフト基本RULE《ルール》&

基本ルール

オフェンスには4回の攻撃権（ダウン）が与えられており、パスプレーやランプレーなどで4回の攻撃のうち10ヤード（9.14メートル）以上進むと、新たに4回の攻撃権が得られる。オフェンスはそれを繰り返しながら、相手エンドゾーンをめざし、タッチダウン（6点）やフィールドゴール（3点）を狙う。逆に4回の攻撃のうちに、10ヤード以上進めない場合は、攻守交代となり相手に攻撃権が移る。野球で言うところの3アウトが、アメフトでは4アウトであると捉えるとわかりやすいかもしれない。

試合時間

NFLでは1クオーター15分で、第1から第4クオーターまで計60分。ただ試合中はプレーごとに時計が止まるので、実際は3時間以上かかることが多い。前半（第1クオーター＋第2クオーター）と後半（第3クオーター＋第4クオーター）の間には、ハーフタイムショーなど、華やかな演出が施される。

ポジション

オフェンス、ディフェンス、スペシャルチームともに1チーム11人でプレー。

オフェンスチーム

クオーターバック（QB）▶攻撃の司令塔。パスプレーやランプレーなど戦術の指示も行なう。

オフェンスライン▶QBを中心とした攻撃の作戦を成功させるため、最前線で相手ディフェンスをブロックする。

タイトエンド▶オフェンスラインの一番端に位置し、状況に応じてブロックとパスキャッチの両方を行なう。

ランニングバック▶QBから渡されたボールを持って走り、相手陣内でできるだけ前進（ゲイン）するのが主な役割。

ワイドレシーバー▶フィールドの左右両翼に位置し、パスプレーの時にQBからのパスをキャッチしてゲインを目指すのが主な役割。

ディフェンスチーム

ディフェンスライン▶守備の最前線でオフェンスラインと対峙し、ランプレーの阻止やQBへのタックルを担う。

ラインバッカー▶ディフェンスラインの後方で、状況に応じてパスプレー、ランプレーに対応し、相手の攻撃を食い止める。

ディフェンスバック▶ディフェンスの最後の砦として、パスプレーやランプレーを防ぐ。両サイドをコーナーバック、最後方の真ん中のポジションをセーフティと呼ぶ。

スペシャルチーム

キックオフやフィールドゴール、パントなどのキックプレー時に登場するユニット。

オードリー式
ポジション論
1

ランニングバック

解説＝**若林正恭**

僕は高校時代、ランニングバックでした。ランニングバックはアメフトのポジションの中でも比較的やることがシンプルなんです。極端に言えば、このスペースやルートを走ってこいというのが任務。NFLで言えば、マーショーン・リンチみたいな人が多いですね。オフェンスの中ではアドレナリン系のポジションなので、気性が荒い選手が多かったような気がします。

NFL倶楽部でプレー解説をするようになってからは、高校時代の自分のプレーを反省することも多くなりましたね。ピッチ・オープンやオプションプレー（→熱視線02＝P68参照）では、ランニングバックはQBからボールをもらったら一度縦に入るようにと先輩から教わりました。縦に入ることによって、ディフェンスの流れも縦になるから、オフェンスラインがブロックしやすくなる。そこから一気に外に開いて走れば展開しやすくなると。でも当時の僕は天狗状態でしたから、1回縦に入るなんてまわりくどいことはせずに、自分の足の速さで一気に外側からぶっこ抜いてやるみたいなプレーを繰り返していました。

また、プルアウト（→P101参照）した選手の足が遅い場合は、我慢して2テンポくらい待って先に行かせてから走れとも言われました。そうすれば、ディフェンスをブロックした瞬間とランニングバックがその横を通り過ぎるタイミングが合うから成功率が上がると。僕は早く前に行きたくてしょうがないから、プルアウトした先輩のお尻を押しながら走っていましたね。でも、あまりうまくいかなかった。ＮＦＬの試合を上から俯瞰して解説するようになった今では、先輩たちの教えが正しかったことが理解できます。

オードリー式
ポジション論
2

クオーターバック

解説＝若林正恭

ＱＢはアメフト経験のない方にも、最もよく知られているポジションだと思います。チームの攻撃を司る司令塔ですから、頭も良くて状況判断にも優れていなければなりません。もちろんパスを決めるためには、肩も強くなければいけない。これが典型的なＱＢ像で、僕たち日大二高でも一つ上の先輩までは、いわゆるＱＢらしい人がこのポジションを務めていたのですが、僕たちの代のＱＢはというと……。夏合宿と言えば、どんな部活でも外せない重要な練習期間ですよね。でも、僕らのＱＢはなんと、８月いっぱい海の家でバイトをすると言いだしまして。そんなこんなで急遽、コーナーバックの選手をコンバートしてＱＢにすべきじゃないかという議論もチームメイトの間ではあったのですが、結局代えなかったんです。今にして思えば、やはりＱＢはチームで一番真面目な人間がやるべきだったなと感じていますけれども。

オードリー式ポジション論 3

オフェンスライン

解説＝春日俊彰

日大二高は部員の人数が少なかったということもあり、私はオフェンスラインとディフェンスライン（ディフェンスエンド）の両方を務めておりました。正直に告白すれば、オフェンスはあまり好きではなかったですね。膨大な量のプレーブックを覚えなければならなかったですから。

オフェンスラインの仕事は、QBを守るために襲いかかってくる相手ディフェンスを防ぐこと。そしてランニングバックが通るためのスペース（穴）をあけること。誰かのために自分を犠牲にするというか、縁の下の力持ち的な役割なんです。だから真面目で優しい人間が多かったように思います。若林くんのランニングバックのように、気性の荒い人間はあまりいなかったような気がするな。そういう性格の人がオフェンスラインをやるのか、オフェンスラインをやったことでそういう性格になるのか？　そのあたりの因果関係はよくわかりませんがね。

オードリー式
ポジション論
4

ディフェンスライン&ラインバッカー

解説＝春日俊彰

同じラインでもディフェンスラインの方が私は好きでした。私はディフェンスラインの一番端に位置するディフェンスエンドというポジションだったのですが、1回1回のプレーでオフェンスが何をやってくるんだというスリルがありましたし、予測のつかないところから人が飛んできたりすることもありますからね。そういうポジションの特性からか、ディフェンスラインには荒っぽいというか、テンションが高い人が多かったような気がします。

一方でディフェンスラインの後ろに位置するラインバッカーの方々には、何だか忙しそうで大変だなという印象を抱いておりました。ディフェンスラインはプレーが始まれば基本的には前に進むだけで、後ろに下がることはほとんどありません。でも、ラインバッカーはランニングバックの侵入を止めて、なおかつパスも警戒しなければならない。ディフェンスラインの立場としては、後ろに人がいるから、結構大胆に突っ込んでいけるのですが、ラインバッカーは、そこを通されたらチームとしてかなりのロスになるわけです。ましてや、最後の砦であるセーフティなんて、絶対にやりたくなかったですね。そういう意味でラインバッカーやセーフティは、責任感のある人じゃないと務まらないと思います。

オードリー式
ポジション論
5
パンター

解説＝若林正恭

実は僕、スペシャルチームでパンターもやっていました。録画で試合を観るとき、パントキックを早送りする人がいますが、僕は逆にコマ送りするくらいじっくりと観察します。ＮＦＬではパントキックをミスすることはほとんどないですが、それでもいいキックかどうかを見極めるのが好きなんですよね。

高校生の頃は練習終わりにセンターのコウノとスナップからのパントキックを蹴っていました。でも、コウノはロングスナップが下手で、かなりの確率でオーバースナップして僕の頭の上をボールが越えていくんです。練習ではまだしも、試合でオーバースナップされてしまうと、リカバーしてもパントを蹴れない状況で自陣ギリギリに追い詰められてしまう。僕はその危機意識の薄さに対して頭にきていました。ある日、パント練習をしている時、コウノが5回連続でオーバースナップしたことがありました。僕はついに切れて「お前、何連続でミスしてるんだよ！」と怒ったら、コウノが「5連続」と答えたんです。

俺は数を聞いているんじゃない！　何回ミスしたら気がすむんだという意味で言ったのに……。頭にきたので、コウノ目掛けて思い切りボールを蹴ったんです。そうしたら、信じられないくらい、良いパントキックが飛んでいって、今まで当てたことのないグラウンドの端のネットに直撃した。これまでは上に上に蹴ろうと意識していたのに、むしろ人に当てるくらいのつもりで下目のインパクトで蹴った方が良いということがわかった。そこから僕のパントキックは格段に上達しました。怪我の功名！　スナップミスを繰り返したコウノ様様ですね。

99
NFL
BUCS

PART 4

若林の熱視線

オードリーの NFL倶楽部

「若林の熱視線」とは？

日本で唯一のNFL専門番組「オードリーのNFL倶楽部」は、レギュラーシーズン、ポストシーズンともに毎週全試合をダイジェスト放送（番組の放送はNFLシーズン中の9月～2月）。番組内の大人気コーナー「若林の熱視線」では、NFLのスーパープレーやプレーの裏側に隠された駆け引きと戦術を若林正恭自らが情熱的に徹底解説しています。NFLの本拠地アメリカからも絶賛の声が送られているという本コーナーで紹介された数々のプレーの中から27本を厳選して、人生にも通ずる格言とともにお届けしましょう！

CAST

若林正恭
Masayasu Wakabayashi

1978年9月20日生まれ。東京都出身。オードリーのツッコミ・ネタ作り担当。日大二高でアメフトを始め、ランニングバックとしてプレー。オフェンスキャプテンも務めた。高校2年時に東京都大会でベスト4進出。「NFL倶楽部」の司会を務め「若林の熱視線」では情熱と笑いを融合させた解説を行なっている。

春日俊彰
Toshiaki Kasuga

1979年2月9日生まれ。埼玉県出身。オードリーのボケ担当。日大二高でアメフトを始め、ディフェンスライン、オフェンスラインの両ポジションでプレー。オール関東の選抜メンバーに選ばれたこともある。「若林の熱視線」のコーナーでは、〝あえて〟初心者的目線でプレーをひも解いている。

後藤晴菜
Haruna Goto

2013年、日本テレビ入社。愛知県出身。特技はピアノを弾くこと。座右の銘は「一点集中・全面展開」。2013年シーズンから2014年シーズン、NFL倶楽部の進行を務めた。

尾崎理沙
Risa Ozaki

2015年、日本テレビ入社。福岡県出身。趣味は旅行会社のパンフレットを眺めること。カラオケに行くこと。座右の銘は「瞬間（いま）を生きる!」。2015年シーズンにNFL倶楽部の進行を務めた。

滝 菜月
Natsuki Taki

2016年、日本テレビ入社。北海道出身。特技は都内の観光案内。趣味は土いじり。座右の銘は「やってみなきゃ始まらない!!」。2016年シーズンにNFL倶楽部の進行を務めた。

久野静香
Shizuka Kuno

2012年、日本テレビ入社。愛知県出身。特技はソフトボール、少林寺拳法（初段）。座右の銘は「為せば成る、為せねば成らぬ、何事も」。2017年シーズより NFL倶楽部の進行を務める。

番組プロデューサーが制作したプレーチャート（P62）をもとに激論を交わす。

WAKABAYASHI

熱視線 01

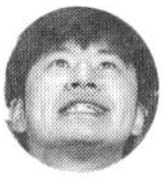

パスプロテクション

日の目を見ないオフェンスラインに光を！

若林 今回、ピックアップするのは、カウボーイズのクオーターバック（QB）トニー・ロモのパス。でも、このパスは素晴らしいオフェンスラインの支えがあってこそなんですね。では、春日さん、まずはオフェンスラインの説明を、お願いします。

春日 まあ、オフェンスラインというのは、QBのボディガードのようなものですよね。

若林 ほうほう。

春日 つまり、ケビン・コスナーが4、5人いるようなものですよ。で

★熱1 ケビン・コスナー主演の映画。レーガン大統領の暗殺未遂事件に責任を感じて退職した男が個人でボディガード業を営み、人気女性歌手の警護を依頼される。

も、最後は撃たれますね。

若林 ……ああ、**『ボディガード』（★熱1）**でいうとね。ちょっとわかりにくかったけど。まあ、間違ってはいないんですけど、**オフェンスライン（★熱2）**は**スクリメージライン（★熱3）**上にセットする選手のことで、ランプレーではディフェンスラインとか、ラインバッカーをブロックしてランニングバックを通す。そしてパスの時には壁を作ってQBを守らなければいけない。

そこで、今回紹介するのは**パスプロテクション（★熱4）**のプレー。第4クオーター、残り時間1分11秒、4点差。カウボーイズの攻撃ですが、オフェンスラインがみんなでQBのロモを守っているから、これだけの時間が稼げたんですね。だいたいパスプロテクションでショートだと3秒もてばいい方なんですよ。でも、この場面では何秒もったか？ご覧ください。ほら、この4人が守っているんです（**A**）。3人がパスのコース、みんなマンカバーでつかれてしまっているので、ロモには投げるところがない（**B**）。それでも、探す時間があるのは4人が守って

★熱2 オフェンスライン（OL）の仕事は主に2つ。クオーターバック（QB）がパスを投げるときに、相手のディフェンスライン（DL）から守る。ランニングバック（RB）が走るための道を力ずくで開ける。オフェンスラインの選手だけはボールを持てないというルールがあるため、アメフトで最も目立たないポジションとも言える。まさに、縁の下の力持ち。

★熱3 各ダウンの攻撃開始地点を示す仮想の線。セットされたボールの先端を通り、エンドラインに平行に両サイドラインを結ぶ線。

いるからなんです。4秒、5秒を超えて……まさに、（1対1の攻防で）相撲の大一番が同時多発しているような状況なわけですよ。

そしてパスプロテクションが5秒、6秒を超えて（**C**）、8秒後にパスが通りタッチダウン。この秒数はとんでもない秒数ですよ。ドラフト1巡のオフェンス（T・フレデリック＝2013ドラフト1巡、T・スミス＝2011ドラフト1巡、Z・マーティン＝2014ドラフト1巡）がこれだけ集まっているわけですから。これはオフェンスラインのプロテクションでとったタッチダウンと言っていいですよね。ピエール・ポールはリーグを代表するディフェンスラインですから、この選手をこんなに抑えてしまうなんて。相撲でいうと、4戦連続で勝ってるくらいですね。何度も手をつかせてましたから。

尾崎アナ　では、若林さん、今日のプレーをまとめてください。

若林　オフェンスラインというのは本当に日の目を見ないポジションなんです。ですから、みなさん「オフェンスラインに、たまにはコマ送りという光を当ててください」。

★熱4　パスプレーの時、QBはレシーバーを探すために時間を要する。その際にオフェンスチームはQBがパスを投げられるように、ディフェンスの選手たちのQBへのタックル（パスラッシュ→P152参照）をブロックする。これをパスプロテクションという。

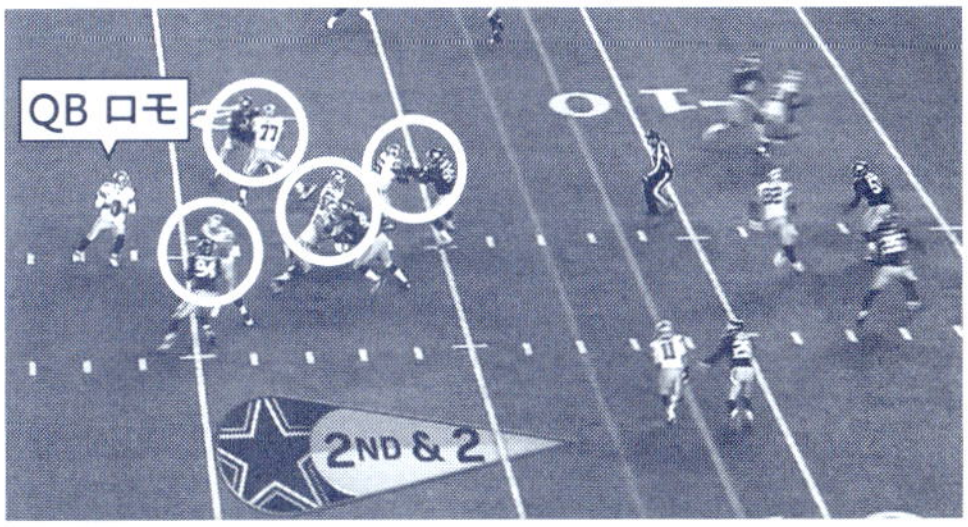

A

ＱＢロモがパスコースを探している間、オフェンスラインの4人がブロック。

B

3つのパスコースはすべてマンカバーにつかれて投げるところがない。

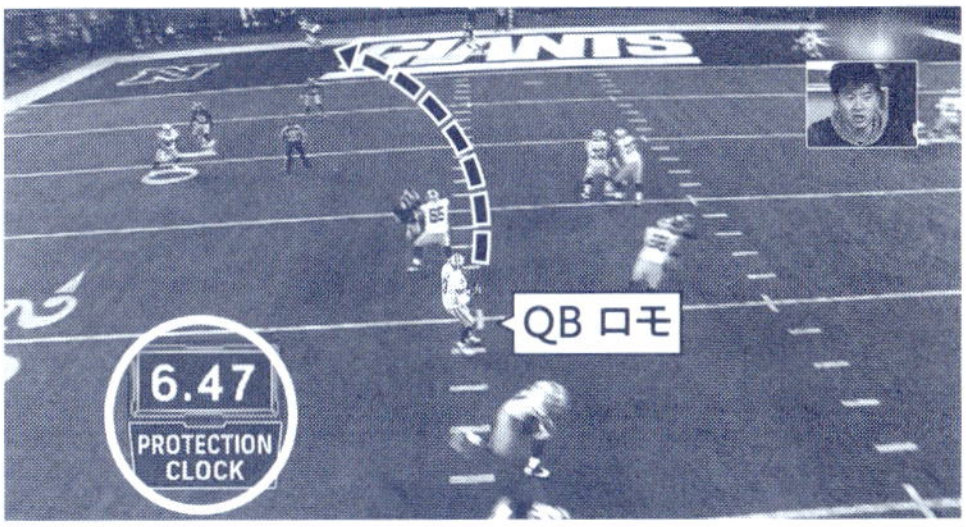

C

パスプロテクションが6秒以上もったからこそパスが投げられた。

若林の熱言

オフェンスラインに、
たまには〝コマ送り〟
という光を当ててください。

WAKABAYASHI

熱視線 02

オプションプレー

オプションと「さんま御殿」のトークは2通り用意しておけ！

若林　今回はオプションプレーを紹介したいと思います。パンサーズの攻撃、第1クオーター、残り9分28秒、エンドゾーン2ヤード前。ランニングバックのトルバートのタッチダウンが決まった場面です。素晴らしい走りでした。そして2つ目のシーンでは、QBのキャム・ニュートンが自らボールを持って走ってタッチダウン。

このように、QBが相手ディフェンスの動きを見ながら、ランニングバックにボールを渡して走らせるか、ボールを渡すふりをしてQBが自ら走るかを選択するプレーを、**オプションプレー（★熱1）**といいます。

まず、最初のプレーは、相手ディフェンスがQBを見ているので（**A**）、そのままランニングバックのトルバートに渡して、タッチダウンということです。次は、相手ディフェンスの視線がランニングバックに行っているので（**B**）、今度はQBニュートンが自分で持って走り込んで（**C**）、タッチダウンというプレーです。つまり、プレーの選択肢が2パターンあるわけですよ。

尾崎アナ　**相武（紗季）さん（★熱2）**、このプレーを見て、いかがですか。

相武　やっぱり、走れるQBがいると、相手チームにとっては脅威になりますよね。

若林　さすが相武さん。そうなんです！　そこです！　並のQBにはできないプレーですから。

尾崎アナ　では、若林さん。今回のオプションプレーのまとめをお願いします。

若林　はい。今回は2パターンのプレーを選択するという意味を込めて

★熱1　QBがディフェンスの選手の動きを読んで、自らがボールを持って走るか、ランニングバックにボールを渡すかを判断して選択するプレー。もうひとつ、QBの外側を走っている選手にピッチ（後ろにパス）することもあり、3つの選択肢があることから「トリプルアクション」とも呼ばれる。

★熱2　アメフト専門番組「オードリーのNFL倶楽部」で何度もゲスト出演した女優の相武紗季さんは、父親が元アメフト選手で幼少期から試合会場に足を運ぶほどの筋金入り。スーパーボウル観戦で「さらにアメフトにはまった」という。

A ディフェンスの視線がＱＢのキャム・ニュートンに向いている。

B Ａと同様の場面で今度はディフェンスの視線がランニングバックに。

C ランニングバックに渡すと見せかけてＱＢ自らタッチダウン。

「オプションと『さんま御殿』のトークは2通り用意しておけ!」。アメフトでも番組でも何が起こるかわかりませんから。

　ちなみに私も、今回はもう1通り、用意してきました。「QBが先輩だと、ランニングバックはボールを入れられたかどうか気をつかうよね」。こちらはオプションプレーあるあるでございます。僕はランニングバックだったんですけど、QBが先輩だと、オプションプレーでボールをとっていいのかどうか、遠慮して迷いながら走ることがありましたからね。

若林の格言

オプションと
「さんま御殿」のトークは
2通り用意しておけ!

WAKABAYASHI

熱視線 03

ブリッツ

年末の特番では積極的にブリッツを仕掛けろ!!

若林　今回は**ブリッツ（★熱1）**について解説したいと思います。さて、春日さん、ブリッツってどんなプレーですか？

春日　ディフェンスがグワー、ウワーって言いながら来て、ＱＢがキャーって言うプレーですよ！

若林　尾崎さん。実はこれね、ほぼほぼ当たってるんですよ。

尾崎アナ　当たってるんですか？　今ので？

春日　ワーッて言うし、キャーって言うしね。

若林　まあまあ……。注目していただきたいのは、丸印で囲った右端の

★熱1　ディフェンスのラインバッカーやディフェンスバックが、予め決められたルートでスクリメージライン（↓P65参照）を越えて相手QBに突っ込むこと。決まればビッグプレーだが、相手QBに読まれてしまうと、もろい面もある。

選手（**A**）。この選手がものすごい勢いで走ってきて、ペイトリオッツのQBのトム・ブレイディに襲いかかって**サック**（**★熱2**）を決めるんですよね（**B**）。

ディフェンスラインの後ろからディフェンスバックやラインバッカーの選手が突っ込んでくるのをブリッツと呼びます。ブリッツは電撃という意味を持つことからも、QBにとっては恐ろしいものです。ただ、ブリッツには弱点がありまして、ディフェンスが電撃のように勢いよく走り込んでくると、本来パスカバーすべきスペースがあいてしまうんですね（**C**）。

そうすると、パスが通りやすくなるというリスクもある。だから諸刃の剣とも言えるプレーなんです。確かに決まると盛り上がりますし、流れや勢いが大きく変わることもあります。だからこそ、ブリッツには注目したいですね。

尾崎アナ　ではこのプレーを格言にしていただきますと。

若林「年末の出演者の多い特番では積極的にブリッツを仕掛けろ!!」

★熱2　パスを投げる前のQBに対して、ディフェンスがタックルすること。QBサックが成功すれば、攻撃陣は陣地が後退するため、大きなロスとなる。ディフェンスにとっては、インターセプト（↓P116参照）と並ぶくらいの大きなプレー。

A 丸印の選手が四角で囲ったQBブレイディを虎視眈々と狙っている。

B パスコースを探しているQBブレイディに猛然と襲いかかる。

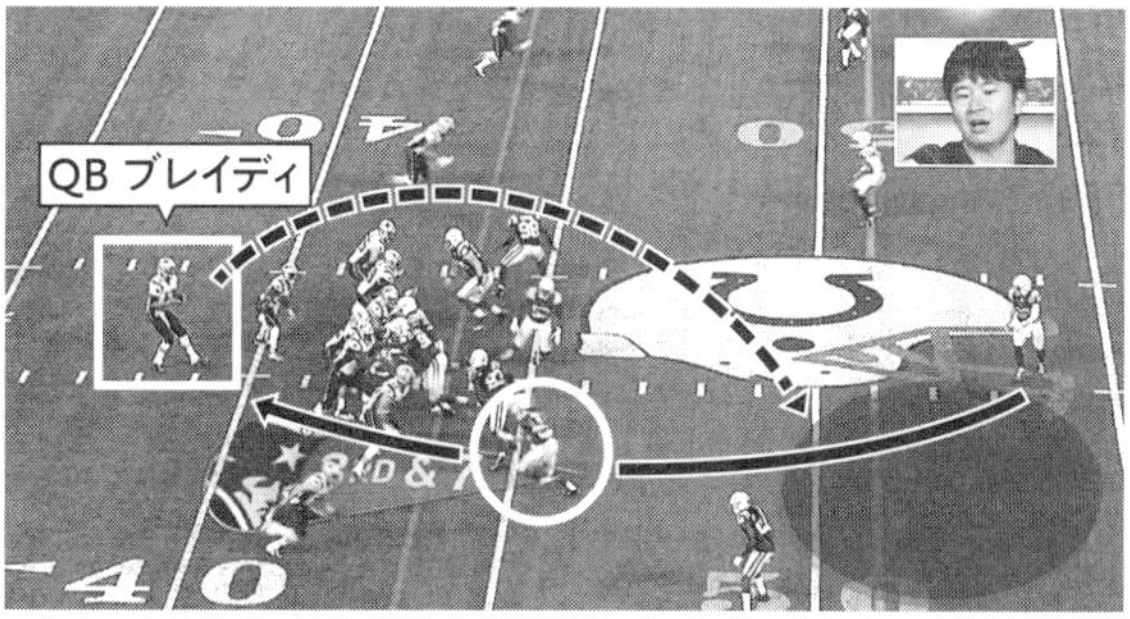

C ブリッツにいくことで、パスカバーすべきスペースがあくリスクも。

これは春日さんに言いたいんですけど（笑）。春日さん、なかなか、ブリッツに行ってくれないんですよ。

春日　基本的にパスカバーのディフェンスだからね。パスカバーを主に得意として自分のゾーンでドーンと構えている。

若林　かなり深いところで構えているよね。

春日　そう。入ってきた者は、はじきますけど、基本的に動かないタイプのディフェンスなんですよ、私は。

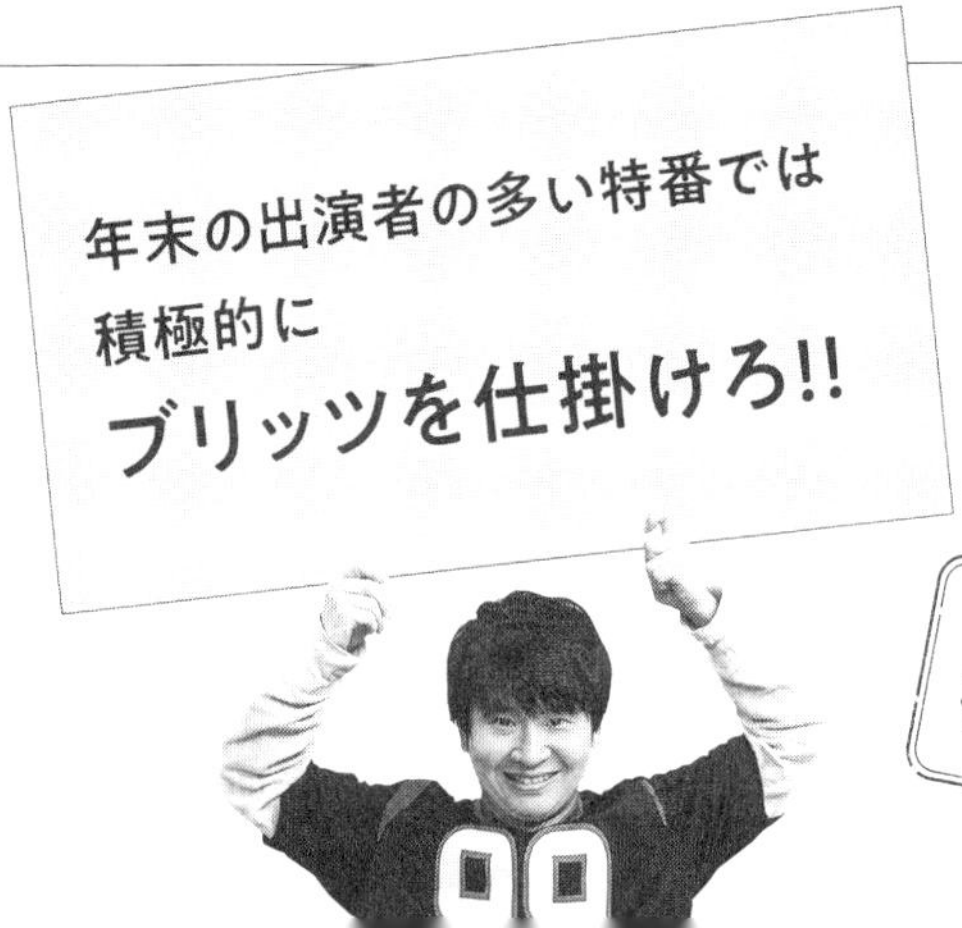
年末の出演者の多い特番では
積極的に
ブリッツを仕掛けろ!!

若林の
格言

WAKABAYASHI

熱視線 04

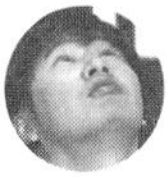

ディレイドブリッツ

「春日」と見せかけて、遅れて「若林!!」

若林　今回は、私の親友のワットがいるからこそのテキサンズというプレーをご紹介しましょう。

第3クオーター、残り8分5秒、コルツ自陣残り12ヤードからのオフェンスでございます。テキサンズのディフェンス陣が、コルツのQBをあわや**セーフティ（★熱1）**かというところまで追いつめた**QBサック（★熱2）**のシーンです。これは、ワット選手がいたからこそというプレーなんですよ。

尾崎アナ　でも、ワット選手がサックしたわけではないですよね。

★熱1　ディフェンスが相手エンドゾーン内でQBサックやボールを持ったランニングバックなどにタックルしてボールデッドにした場合、2点が与えられるプレー。

★熱2　↓P73参照

若林　はいはい、よく気がつきました。このプレーは、ワット選手の存在感が大きいからこそ生まれたサックなんです。よく見てください、これこそ、熱視線の醍醐味ですよ。

ワットに丸をつけさせてもらいました。何しろワットは強力なので、2人でブロックするんですよ（**A**）。1人では守り切れないので、2人で**パスプロテクション（★熱3）**するという。2人がワットに向かって移動しているでしょ（**B**）。2人して、ワットを止めなきゃって。そこに、がら空きになったラインバッカーのマキニーという選手がQBのハセルベックに突進して見事にサック（**C**）。

つまりワットが強い、2人でマークにつかなければいけないからこそ、マキニーが空いていた。このプレーは、ちょっと遅れて入るブリッツで、**ディレイドブリッツ（★熱4）**といいます。テキサンズの作戦勝ちですね。

尾崎アナ　そういう仕組みだったんですね。

若林　あのサックは、ワットが強力な存在感を放っているからこそ決ま

★熱3　↓P66参照

★熱4　オフェンスラインはディフェンスの何人がパスラッシュ（↓P152参照）に来るかを見極めて、ブロックする相手を決める。一度、パスカバーに下がると思われた選手はブロックの対象から外れるため、その後で遅れてブリッツにいくと、オフェンス側に隙が生まれる。

A

矢印をつけた2人のオフェンスラインが丸印のワットを警戒している。

B

プレーが始まると、矢印の2人がワットの方に移動してブロック。

C

ワットが2人を相手にしている隙をぬってマキニーがQBに突進。

D

芸能界における「ディレイドブリッツの極意」を若林自ら図で解説。

ったプレーです。

尾崎アナ　では今回のまとめをお願いします。

若林　ディレイドブリッツを、我々にたとえてみたいと思います。「オードリーで言うところの、『春日』と見せかけておいて、遅れて『若林!!』」

　これ、僕らが出たての頃はそうでしたね。春日と見せかけといて、遅れて若林がやってくる。若ちゃん、ディレイドブリッツ成功（**D**）というわけでございます。

若林の
格言

オードリーで言うところの、
「春日」と見せかけて、
遅れて「若林!!」

WAKABAYASHI

熱視線 05

ブリッツを破る

ブリッツも芸能界も空いている所に入り込め!!

若林　今回はブリッツを仕掛けられたときの対策法を紹介していきたいと思います。尾崎さん、**ブリッツ（★熱1）**って何ですか？

尾崎アナ　はい。ガーッとくるやつです。

若林　まあ、間違ってないですけれども……。では春日さん、正しい説明をお願いします。

春日　アナウンサーだから、ちゃんと説明しないとダメよ。説明が足りない！

つまりブリッツは、ディフェンスが「がーーーっ」と来て、ＱＢが

★熱1　↓Ｐ72参照

「きゃーーーっ」て、これが重要なの。QBがきゃーーーーって、ここだからね、重要なのは。

若林　……。アメフト好きの**相武（紗季）さん（★熱2）**は、ブリッツをわかってますよね？

相武　もちろんです！　ディフェンスが、「がーーーっ」て来て……

若林　春日と一緒じゃない！　頭叩きそうになりましたよ。時間がないので、先にいきますよ。

第2クオーター終了間際、イーグルスの攻撃でサードダウン、残り5ヤード。QBブラッドフォードからワイドレシーバー、クーパーに短めのパスがしっかり決まって**ファーストダウン（★熱3）**。実はここにブリッツがあったんですね。スローで見てみましょう。

ビルズのラインバッカーとセーフティのディフェンスバック陣が、矢印のように前に詰めてくるんです（**A**）。本来、中盤から後ろあたりを守っているのですが、前に出てくることでスペースがあきますね（**B**）。そのスペースにQBが冷静に読んで投げると、必ず決まりますね。ディィ

★熱2　↓P69参照

★熱3　ファーストダウンには、最初の攻撃権という意味と、攻撃権が続くという2つの意味がある。オフェンスは4回の攻撃のうちに10ヤード進む義務があり、10ヤード進めば新たに4回の攻撃を行なう権利を得る。これを後者の意味合いで「ファーストダウン獲得（更新）」という。

A ビルズのディフェンス陣がブリッツを仕掛けるため前に詰め寄る。

B あいたスペースにレシーバーが走り込みQBがパス。

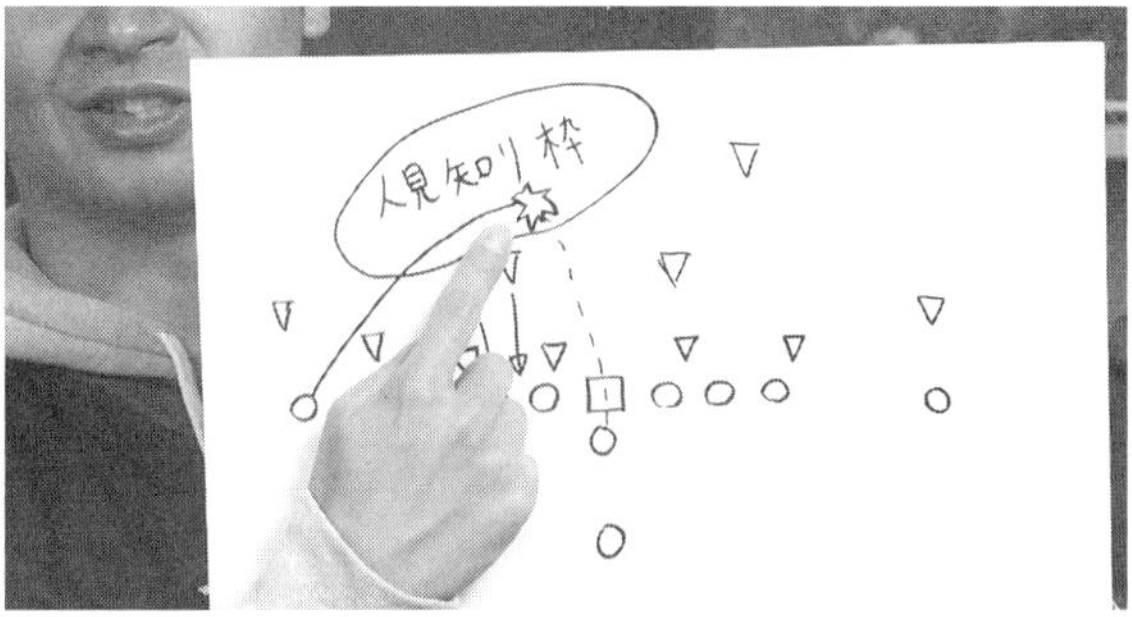

C 芸能界のエアポケットである〝人見知り枠〟に飛び込むことを力説。

フェンスの選手が前に詰めてきているということを見極めたQBの冷静な判断と、絶妙なタイミングが融合した素晴らしいプレーなのです。

尾崎アナ　それでは若林さん、いつものまとめをお願いします。

若林　はい。今回はこちら。「ブリッツも芸能界も空いている所に入り込め!!」。

私の場合だと、人見知り枠に、走り込んでいく（**C**）ということになるわけですね。

尾崎アナ　相武さん、いかがですか。

相武　なかなか深いですね（笑）。

若林　そうなんですよ！

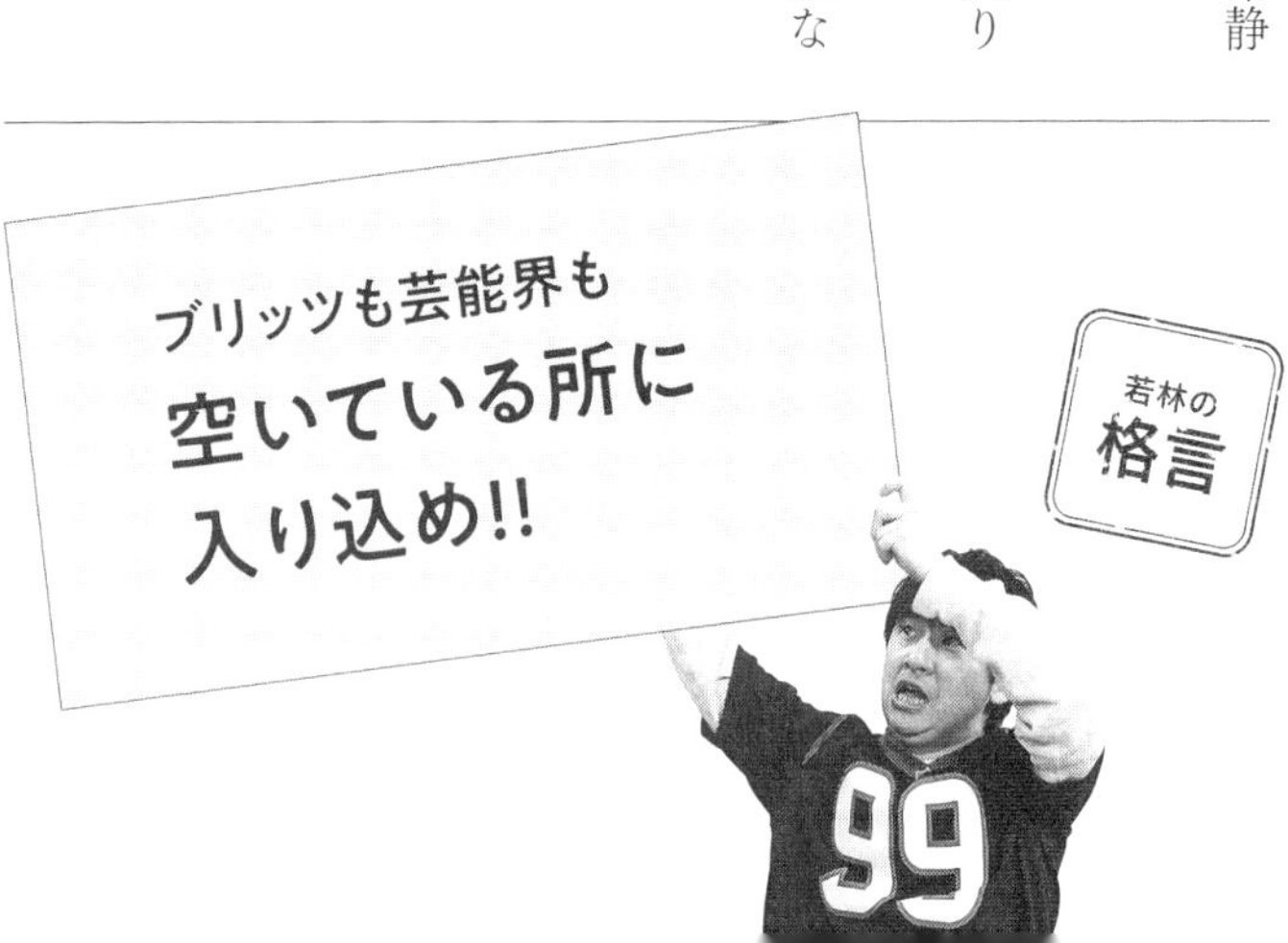

WAKABAYASHI

熱視線 06

ランニングバックの見せどころ

台本通りもいいけれど、ときにはアドリブ入れてみよう。

若林　今回、ご紹介したいのは、セインツのランニングバック、イングラムの21ヤード、タッチダウンランです。第4クオーター、残り3分24秒。ランニングバックのイングラムが、一気に外に開いて、駆け上がってタッチダウン！　素晴らしいスピードでございました。

　このプレー、レシーバーが手前に1人しかいないんです。あとは**タイトエンド（★熱1）**も2人入ってブロック体制（**A**）。これはランで行くぞと相手に教えているようなもので、相手も「まじでランで来るの？」と、あたふたしながら集まってるんです（**B**）。こうして左サイドのラ

★熱1　タイトエンドはオフェンスラインとレシーバーの両方の特性を持つポジション。ランプレーではブロックに参加しランニングバックの走路を確保し、パスプレーではレシーバーとしてショートのパスを受けたり、パスプロテクションのブロッカーとしての役割を果たす。

ンをケアしているわけですけれども、案の定、フェイクもなにもなく、セインツは、どストレートにランで来る。丸で囲ったところはダブルチームで、1人を2人でケアして（**C**）、その**穴**（**★熱2**）を駆け上がっていこうということですが、そうすると真ん中に選手が集まりますね。それで、巻き込まれて押し込まれて、コーナーバックも巻き込まれて、ランニングバックが1対1の状況になりました（**D**）。ここでランニングバックのイングラムが個人技で手を使って相手をポーンと押して、一気に駆け上がる。本来は内側に入るプレーだったと思うのですが、外が空いているぞというとっさの状況判断＝アドリブで、外に駆け上がったというわけなんですね。

後藤アナ　春日さん、いかがですか。

春日　そんなことが巻き起こっていたんですね。まったくわからなかったわー。私は完全にパスだと思いましたからね。

若林　あれは完全にランでしょ。ワイドレシーバーが1人なんだから。

後藤アナ　春日さん、なんか初心者キャラみたいになってないですか。

★熱2　アメフトで言う「穴」とは、守備の選手がいないところを指す。真ん中に突っ込む場合、オフェンスラインは体を張ってランニングバックが通るための穴（ホール）を作る。

春日　ルールがどんどん変わっていくからね。進化していくから置いていかれちゃうんだよ。

若林　ランで来ると見せかけて、やっぱりランで来るという。裏のまた裏みたいなことでもあるわけですね。

後藤アナ　では、若林さん、ひとことでまとめると、どうなりますか。

若林　今回は春日さんによく聞いておいてほしいですね。ずばり、「台本通りもいいけれど、ときにはアドリブ入れてみよう」と。

春日　無理無理無理無理無理。収録中はダブルチームとられて、身動きとれないからね。

若林　アメフト用語で言えば、今回のプレーは**「穴変えたな」（★熱3）**とか言うと、玄人っぽいんですよ。プレーを自分で判断して、アドリブかなと言いながら見ると、またひとつぐっと、面白みが広がってくると思います。

★熱3　ランニングバックが予め指示されていた穴が出来ていなかった場合、他のスペース（穴）を探して、走る方向を変えること。

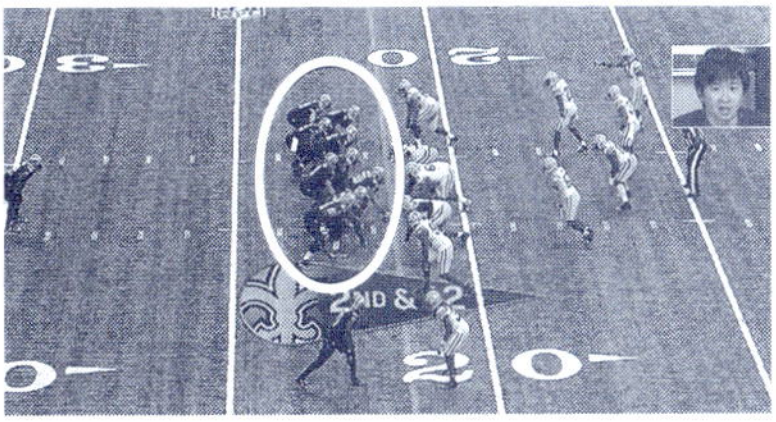

A 丸印のオフェンス9人がブロック体制。ランプレーで行くというサイン。

B ディフェンス陣は左サイドからのランをケアして集まってくる。

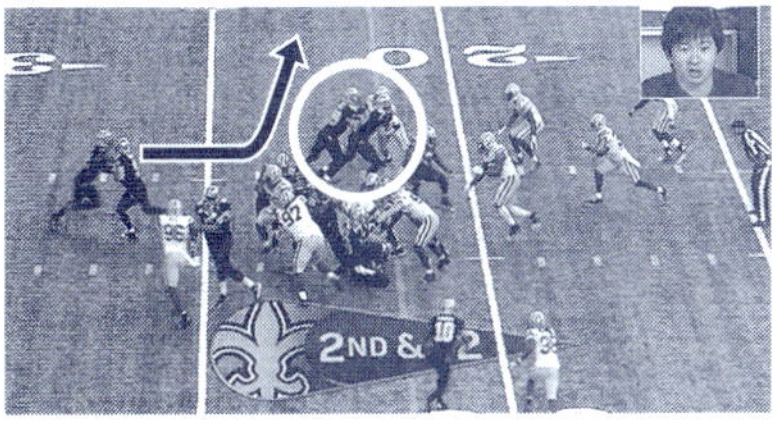

C オフェンスのセインツは穴を作るためにダブルチームでブロック。

D とっさの判断で進路を変えたイングラムが個人技で外側へ駆け上がる。

若林の
格言

台本通りもいいけれど、
ときには
アドリブ入れてみよう。

WAKABAYASHI 熱視線 07

4thダウン・ギャンブル

4thダウンのディフェンスと日テレの警備さんは体を張って止めている。

若林　今回は4thダウン・ギャンブルについて解説したいと思います。
まずは春日さん、4thダウン・ギャンブルの基本的な説明をお願いします。

春日　まあ、非常にわかりやすく言えば、いわゆる漫画の**「カイジ」（★熱1）**的なものですね。ザワザワザワザワっていう。

若林　はいはいはいはい、もう結構です。
では**4thダウン・ギャンブル（★熱2）**に戻りましょう。オフェンス側が4回目の攻撃時に残りヤードがある場合は、**パントキック（★熱3）**

★熱1　自堕落な日々を過ごしていた主人公・伊藤開司が、友人の保証人となって多額の借金を負ったことをきっかけに、あらゆるギャンブルに挑む漫画。福本伸行・作。作中の「ざわ…ざわ…」という独自の擬音表現が特徴的。

を蹴って次の守備の準備をします。しかし、4thダウンであえて通常の攻撃を選択して、一か八か**ファーストダウン（★熱4）**を狙うこともあるのです。オフェンスとしては絶対にファーストダウンを取りたい。ディフェンスは絶対に通してはいけない。非常にヒリヒリした場面です。まさに男と男の勝負が繰り広げられるわけですよ。

そこで、今回ピックアップするのは、シーホークスの4thダウン・ギャンブルです。ディフェンス側のチーフスの96番の選手に注目してください。まず、矢印をつけたシーホークスのリンチ（**A**）のラン、残り1ヤードなのであるでしょう。そして長いパス、短いパスともにケアしなければいけない（**B**）。さらにQBのウィルソンは足がありますから、自ら走るかもしれない。いろんなことが考えられるなかで、チーフスの96番が、オフェンスを押し込んで押し込んでナイスタックルで止めるんです（**C**）。この1ヤード、あと一歩押されていたら、ファーストダウンを取られていたと思うんですよ。そこを見事にこのディフェンスラインが食い止めた。

★熱2　オフェンス側が4回目の攻撃時にパントキックやフィールドゴールを狙わずに、ランプレーやパスプレーでファーストダウンの獲得を試みること。一か八かの賭けなので「ギャンブル」と付く。

★熱3　オフェンスの4thダウンで残りヤードがある場合、陣地を回復するために4回目の攻撃権を放棄して、相手陣内の奥まで滞空時間の長いボールを蹴り込むこと。

★熱4　↓P81参照

A

丸印で囲ったチーフスの96番がリンチのランを警戒。

B

チーフスの96番としては、シーホークスのパス攻撃も警戒している。

C

ランニングバックの突進をチーフスの96番が土壇場で押し返す。

D

白鵬対逸ノ城の取り組みを彷彿とさせるような1対1の競り合い。

見てください、この1対1（**D**）。白鵬と逸ノ城の戦いと言ってもいいでしょう。

後藤アナ　ほんと、そうですね。

若林　はい。もう、一歩も引けないわけですよ。ねえ、春日さん。

春日　たいしたもんですよ。今週の春日賞をあげちゃいましょう。

若林　まあ、向こうは返品してくるでしょうね。

春日　失敬な話だな。

後藤アナ　では、若林さん。今回の格言をお願いします。

若林　「4thダウンのディフェンスと日テレの警備さんは体を張って止めている」。次回から私、入り時間を早くしようと思いまして。この格言を考えるために。

若林の
格言

4thダウンのディフェンスと
日テレの警備さんは
体を張って止めている。

WAKABAYASHI

熱視線 08

スクリーンパス

フェイクプレーもドッキリも仕掛け人が命。

若林　今回はカージナルスの大胆なフェイクプレーをご紹介します。ちなみに、後藤アナは**スクリーンパス（★熱1）**ってわかりますか。

後藤アナ　……よく、聞きますよね。

若林　まあまあ、よく出てくるプレーですよ（笑）。でも実は、あんまりわかってないでしょ。

春日　それ、まずいね～。

若林　それではアメフト大好きおじさんの春日さん、スクリーンパスを教えてあげてください。

★熱1　オフェンス側が味方の選手（ブロッカー）が作った防御壁（スクリーン）に守られたレシーバーへ送るパスのこと。

春日 まあ、スクリーンパスというのはだね。近い人にシュッと投げて、ドワーッって進めていくやつだよ。〝シュッ〟と投げて〝ドワーッ〟とね。

若林 ずいぶん抽象的ですね（笑）。具体的に言えば、普通はパスを受けたら、そのまま走っていくんですけど、パスの前にブロッカーがスクリーン＝幕のようについて、ブロックしながら進んでいくプレーです。

春日 ドワーッとね。普通のパスはシュッだけど。

若林 まあ、見てもらえばわかります。第2クオーター残り6分2秒のカージナルスの攻撃。ＱＢパーマーからのパスを受けた38番エリントンの20ヤードのパスレシーブランです。このプレーでは、フェイクが入っているんですよ。左側にブロッカーが固まっていて、左のスクリーンパスと見せかけている（A）。ディフェンスのカウボーイズとしては、左のスクリーンが来るぞと思うわけですよ。それで、ＱＢパーマーが左に投げるふりをした（B）。そうしたら、今度は別の2人のブロッカーが右サイドに走りだしているわけです。つまり、右サイドに投げるのは予め決まっていたのです。それで右のランニングバックにパスを投げて、ブロッカーがナイスブロック（**C**）。
63番が**リードブロッカー（★熱2）**となり（**D**）、20ヤード進んで**ファーストダウン（★熱3）**を獲得したということでございますよ。左に見せかけて右のスクリーンパス。見事にカウボーイズを引っかけましたね。特に左サイドのブロッカーたちの演技が素晴らしかった！
後藤アナ　そうですね。このプレーをひとことでまとめると、どうでしょう。
若林「フェイクプレーもドッキリも仕掛け人が命」ということですね。とにかく、左サイドでの演技がうまかった。それに、QBパーマーの投げるふりもよかった。私や春日さんのドッキリでも、仕掛け人が多いですからね。あえて言えば、春日がカウボーイズ、私がカージナルスという感じかな。
春日　思わず、だまされちゃうよね。
後藤アナ　芸人さんにも通じるところがあるということですね。

★熱2　ボールキャリア（保持者）の前に立って、ディフェンスからキャリアを守る役割をする選手。つまり、ボールキャリアが走る道を作るためにディフェンスの選手をブロックする役割を持つ。

★熱3　↓P81参照

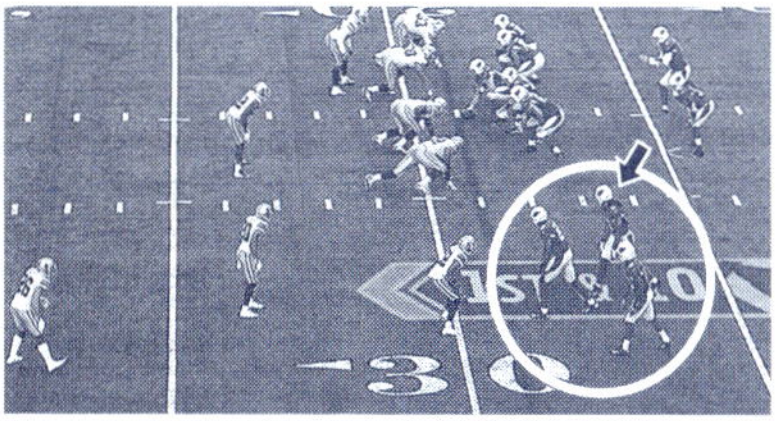

A オフェンスのカージナルスはブロッカーを左サイドに集めている。

QB パーマー

B QBが左に投げるふりをした瞬間、矢印の2人が右に走り出す。

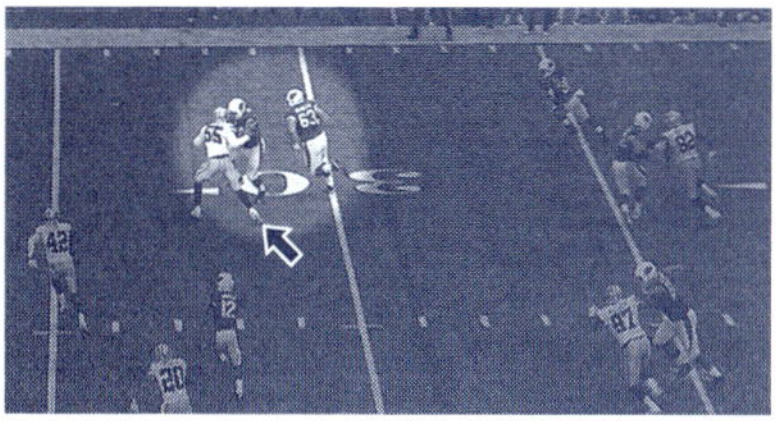

C カージナルスのブロッカーがカウボーイズの55番をブロック。

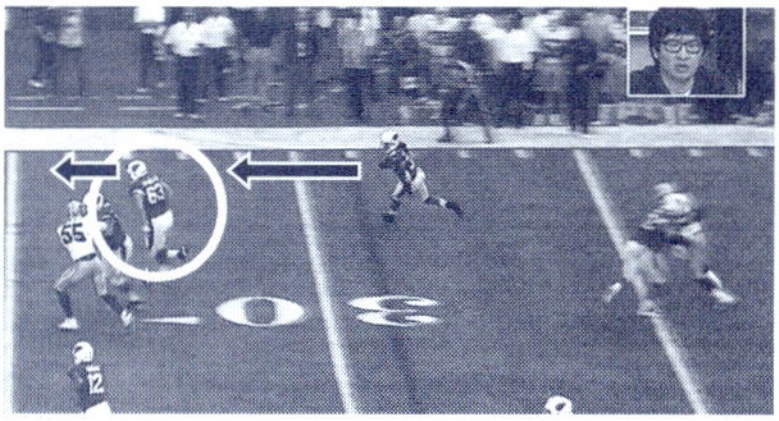

D 63番がリードブロッカーとしてランニングバックを見事に先導。

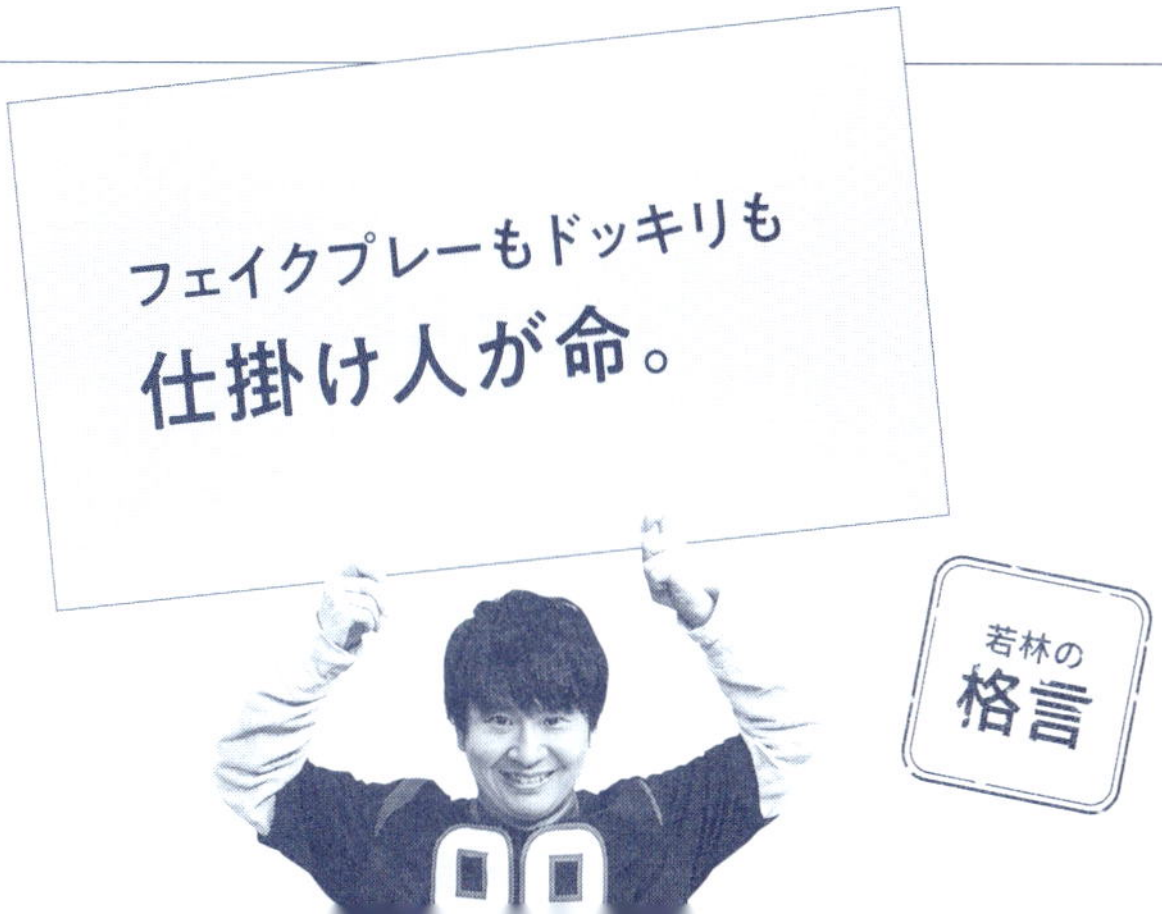
フェイクプレーもドッキリも
仕掛け人が命。
若林の
格言

WAKABAYASHI

熱視線 09

ブロッキング

レシーバーのブロックも タレントのマネージャーも、押し込みが大事。

若林　今回は、〝道づくり〟について話したいと思います。春日さん、アメフトで道づくりと言えば？　わかりやすく説明してください。

春日　わかりやした。要するにですね、試合前にスタジアムを整備する人たちがいてですね、ファンがスタジアムへ来るところまでを……

若林　はーい、結構です。そこじゃない！　プレーのことです、どうぞお下がりください。

ランナーのために、様々なブロックをするのがアメフトの基本ですけれども、華麗なランに隠れがちな、そんな地味なプレーに光を当てたいと思います。

第3クオーター、残り10分22秒。カウボーイズ陣内45ヤード地点、パッカーズのセカンドダウンの攻撃。パッカーズのレイシーがブロックを利用して駆け抜けるプレーです。この場面、まずは30番クーンがガツンとナイスブロックしたことで、ランニングバック、27番のレイシーが走るための道をつくったわけですね（A）。

さらに、ワイドレシーバーの17番アダムスのブロックにも注目してください（B）。アダムスが健気に、相手のコーナーバックを押して押して、しつこく押すからこそ、レイシーがランでゲインできたということなんです（C）。

私の場合は、現役時代、一つ上のレシーバーの先輩がブロックが非常に下手で、気まずいこともありましたけれども……。あのアダムスの健気なブロックのおかげで、レイシーが29ヤードも走れたということなんですね。

A 30 番クーンのナイスブロックにより RB レイシーの道ができる。

B クーンが作った道を生かすため17 番アダムスが左サイドでブロック。

C アダムスのブロックがなければ、レイシーのゲインもなかったはず。

尾崎アナ　そういうことなんですね。では、若林さん、このプレーをバシッとまとめてください。

若林　今回の教訓としては、「レシーバーのブロックもタレントの仕事をとってくるマネージャーも、押し込みが大事」。こちらでまとめさせていただきたいなと思います。

若林の
格言

レシーバーのブロックも
タレントの仕事をとってくる
マネージャーも、
押し込みが大事。

WAKABAYASHI

熱視線 10

サック

QBサックとひな壇は勇気を持って前に出ろ。

若林　今回は**サック（★熱1）**というプレーについて、説明したいと思います。

第3クオーター、残り3分2秒、ペイトリオッツの55番、ラインバッカーのスキナーの鮮やかなサック（**A**）。これぞ、お手本のようなQBサックというプレーでございます。

とにかく、どかーんと一直線にいったわけですよ。QBからすれば、たまったもんじゃないでしょう。

では、なぜここまでうまくいったのか？　ここには、アメフトならで

★熱1　↓P73参照

はのプレーの駆け引きと判断が隠されているんです。

まず、オフェンスのビルズは、ランプレーのフェイクを入れているんですね。ガードの選手が**プルアウト（★熱2）**して、ランで行くと見せかける（**B**）。

でも、レシーバーがいる。ディフェンス側からすれば、これはフェイクだぞと気づくわけです。そうすると、ラインバッカーは普通、下がります（**C**）。でも、スキナーは、「いや違う。レシーバー3人でカバーが2人だ。ひとりあいてるぞ。俺はいける」と、一瞬で判断して前に詰めたんです（**D**）。

普通はとどまるところを、「1人余っているから行ける」という、0コンマ数秒の判断により見事なQBサックが決まったわけです。この瞬間の判断とせめぎ合いがNFLの醍醐味でもあるんですよ。

後藤アナ　まさに、NFLの魅力が詰まっていますね。では、若林さん。このプレーを一言で格言。よろしくお願いします。

若林　わかりました。「QBサックとひな壇は勇気を持って前に出ろ」。

★熱2　プレー開始直後にオフェンスライン、特にガードの選手が一度後ろに引いてからラインの後ろを真横に移動し、相手ディフェンスをブロックすること。

A

見事なＱＢサックを決めたペイトリオッツの55番スキナーに注目。

B

矢印①の68番がプルアウトして、矢印②のラン攻撃で行くと見せかける。

C

ラン攻撃のフェイクだと見抜き、パスに備えてラインバッカーが下がる。

D

絶妙な状況判断でＱＢに一直線に突進しサックを決めたスキナー。

これでしょ。行けると思ったら一気に行っちゃおう。QBサックとひな壇での活躍のミソですよね。

そういう意味でも、素晴らしいプレーでしたね。

若林の格言

QBサックとひな壇は勇気を持って前に出ろ。

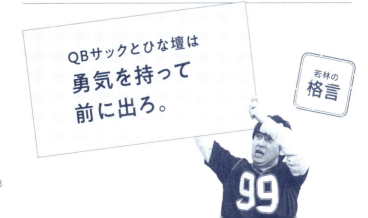

WAKABAYASHI
熱視線 11

プレーアクション・パス

プレーアクションもドッキリも仕掛けには時間をかけろ。

若林　今回は**プレーアクション・パス（★熱1）**をご紹介したいと思います。プレーアクション・パスというのは、ラン攻撃と見せかけてディフェンスを前や横につりだして、パスのスペースを作るというフェイクのようなプレーですけれども、ここにアメフト的な面白さが隠れているわけです。

　このプレーアクション・パスが見事に決まった場面が、第3クオーター、残り5分47秒、敵陣48ヤードでのパッカーズの攻撃。QBの12番ロジャースが、44番スタークスのランと見せかけて、18番のコッブにパス

★熱1　QBが走り込んできたランニングバックにボールを渡すふりをして＝ランプレーと見せかけて、実際にはボールを渡さずにパスを投げるプレー。相手がランプレーを警戒している場合、効果が高い。

を通しました。

QBロジャースは、ランニングバックのスタークスにボールを渡すと見せかけて、ラインバッカーのレビィを右側に一歩か二歩、つりだしたいわけですよ（A）。それで、スタークスに渡すふりをしたら、レビィが引っかかって右に動いて、奥のスペースがあいた（B）。そこにコッブが走り込んで見事にパスを通したというプレーです（C）。

本来、レビィは奥の丸印のスペースまで下がらなければいけなかったわけです（B）。その結果、パッカーズのプレーアクションが見事に決まったということでございます。

春日 なるへそ〜。**有馬（隼人）さん（★熱2）**、どうでしょうか。

有馬 この試合はパッカーズのランニングバックが序盤からランでどんどん前に進んでいたんですよ。なので、ライオンズのディフェンスとしては、ランプレーのアクションがくると反応せざるを得ない、動かざるを得ないわけです。ディフェンスとしては、しょうがない部分もありますね。

★熱2 元TBSアナウンサーにして、元アメフト選手。TBS退社後、アサヒビールシルバースターの選手としてプレー。引退後は、NFL実況・解説と同時に、2017年よりアサヒビールシルバースターのヘッドコーチを務める。

A 44番のスタークスに渡すと見せかけてレビィを右側につりだしたい。

B QBが44番スタークスに渡すふりをしたらレビィが右側に移動。

C レビィがあけたスペースにコッブが走り込んで見事にパスが通った。

春日 ところで、若林くんの説明はいかがでした？

有馬 的確でしたね。

春日 たいしたもんだね〜。やってきただけあるね〜。

若林 来年もレギュラーがつながった！

春日 まあ、有力候補というところだな。じゃあ、ひとことでまとめてくれたまえ。

若林 今回は何度もランプレーを繰り返したからこそ、パス攻撃が決まったということで、「プレーアクションもドッキリも仕掛けには時間をかけろ」ということでいかがでしょうか。

春日 なるほど。今のはどうですか、有馬さん。

有馬 素晴らしい！　１００点です。

若林 おお！　今日は調子がいいなあ。気持ちよく仕事していますからね。

若林の格言

プレーアクションもドッキリも
仕掛けには時間をかけろ。

WAKABAYASHI

熱視線12

ドロープレー

ドロープレーのQBとキャバ嬢の演技には騙されるな!!

若林　前回（熱視線11）は、**プレーアクション**（★熱1）を紹介しましたが、尾崎アナ、どんなプレーですか。

尾崎アナ　ランと見せかけてパスをする！

若林　おお！　しっかり覚えてくれていますね。ではその逆は？

尾崎アナ　逆もあるんですか？

若林　パスに見せかけてラン。これを**ドロープレー**（★熱2）というのですが、今回はこれを紹介したいと思います。

ジャイアンツのQBイーライ・マニング（**A**）が一度、右に投げるふ

★熱1　↓P104参照

★熱2　QBが一度パスをするふりをした後、ランニングバックにボールを渡してランプレーをすること。QBがそのまま走るプレーもあり、その場合は「クオーターバック・ドロー」と呼ばれる。

りをしてから（**B**）ランニングバックに手渡ししてのランプレー。つまり、パスに見せかけたランプレーによって、**ファーストダウン（★熱3）**を獲得したわけです。マニングが一回投げるふりをすることによって、ディフェンスがパスだと思って、後ろに下がったり、横に開いたりするんですよ（**C**）。ランプレーに対応するためには、本来ならもう3歩くらい前にいるはずなんです。スペースがあくので、そこにランニングバックが走り込んでくるというプレー。

ディフェンスの立場になるとわかりやすいかもしれませんね。相手QBが投げると思ったら、いったん下がるのですが、走ってきたら今度は詰めなきゃいけない。ディフェンスの対応が遅れるので、ランプレーが決まりやすいということですね。これを覚えておくと、よりアメフトが楽しめますよ。ドロープレーでございます。

尾崎アナ　プレーアクションとかドロープレーとか、いろんなプレーを使ってどんどん面白くなっていく。そんな感じなんですね。

若林　要は、どういうふうに戦術を組み立てるかですね。

★熱3　↓P81参照

A ジャイアンツのＱＢイーライ・マニングはペイトン・マニングの弟。

B ＱＢイーライ・マニングが一度、右に投げるふりをする。

C パスを想定して下がったディフェンスの裏をかいてランプレー。

春日　では、若林さん、例のアレ。お願いしやすよ。

若林　やっぱりですね、投げるふりをしてきますから、引っかかっちゃいけないということです。全国のラインバッカーに言いたいですね。

「ドロープレーのQBとキャバ嬢の演技には騙されるな!!」

これを見抜かないといけないわけです。春日さんも本質を見抜いていかないと。

春日　ラインバッカーじゃないけどね、演技の方に騙されているねー。メールが来たら、ついついお店に行っちゃうんだよね。

若林　そっちの話は膨らませなくていいよ（笑）。

春日　まあ、夜のドロープレーということで。

若林の
格言

**ドロープレーのQBと
キャバ嬢の演技には
騙されるな!!**

WAKABAYASHI

熱視線 13

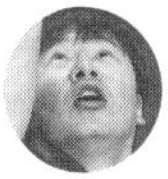

フェイクのパス

アメフトと東野圭吾の小説には伏線の回収あり。

若林　今回はブロンコスのＱＢ**ペイトン・マニング（★熱１）**のタッチダウンパスに注目したいと思います。

第１クオーター、残り３分５秒。ブロンコスのマニングからウェルカーへの39ヤードパス。５０８個目のタッチダウンパスとなったこのプレーには、様々な要素が隠れていました。

このプレーを語る前提として、こちらをご覧ください。第１クオーター、残り９分12秒の**スクリーンパス（★熱２）**。オフェンスのブロンコスが３人でブロックをして、５ヤードをゲインしました（**Ａ**）。なんとこ

★熱１　５３９の通算タッチダウンパス記録や歴代最多５度のリーグＭＶＰに輝いたペイトン・マニングは「史上最高のクオーターバック」と称されることも多い。２０１６年３月に現役を引退し、18年のキャリアに終止符を打った。

★熱２　↓Ｐ92参照

のプレーが、最初に紹介したQBマニングのタッチダウンパスへの伏線になっているんですよ。

春日 えー、どういうことかな？

若林 では、最初のタッチダウンパスの場面に戻りましょう。

QBマニングが真横に投げるスクリーンパスのフェイクをいれているんです（**B**）。ディフェンスの49ersとしては、「あっ、さっきのスクリーンパスだ」ということで、2度はその手に乗るかと前に詰めてくる。

と、思いきや、なんと83番のウェルカーがパスコースに出ていくんですよ。これが伏線の回収のプレーとなるわけです。ブロックをすると見せかけて、パスコースに出る（**C**）。「あっ、これはパスコースだ！」と49ersの26番の選手が気づいたものの、時すでに遅し（**D**）。タッチダウンということになるわけです。

スクリーンパスを印象づけておいて、6分後に伏線の回収をしたというプレーでございます。

A

スクリーンパスで3人のブロックにより5ヤードのゲイン成功。

B

A同様にスクリーンパスと見せかけてディフェンスを前につり出す。

C

ウェルカーがブロックと見せかけ、そのままパスコースへ走り抜ける。

D

マニングからのパスを受けた83番ウェルカーが26番を置き去りに。

春日　はーっ、たいしたもんだな。いや、お見事だね。タランティーノの映画みたいな話だよね。でもさ、若林さん、一言でこれをまとめるなら、どうなるの？

若林　今回は「アメフトと東野圭吾の小説には伏線の回収あり」と言わせていただきたい。

アメフトは、こういう細かい所に注目すると面白いですよ。もちろん、東野圭吾の小説も面白いですけど。

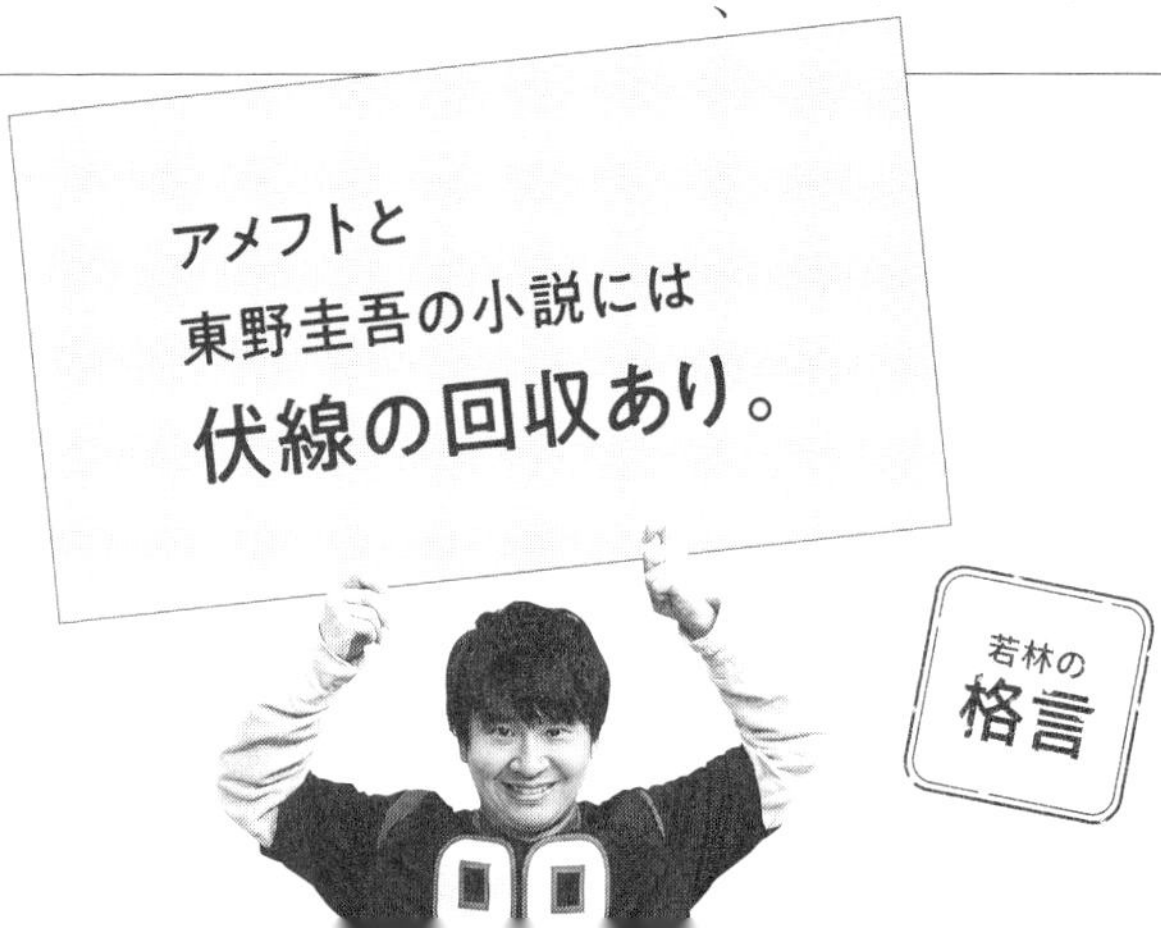

WAKABAYASHI

熱視線 14

インターセプト

凄いプレーの前では、笑いなんてどうでもいい？

若林　今回は、スーパーボウル（2015年・ペイトリオッツvs.シーホークス）の試合残り26秒で飛び出した素晴らしい**インターセプト（★熱1）**のプレーをご紹介したいと思います。

　第4クオーター、残り26秒、4点差を追う（24対28）シーホークスの攻撃（**A**）。QBウィルソンからの速いパスを、ペイトリオッツのバトラーが鮮やかにインターセプトしたわけです。とにかくバトラーの飛び込み方が凄かった。このプレーには、両チームの思惑が複雑に絡み合っているんです。画面で少し解説しましょう。

★熱1　オフェンス側が投げたパスをディフェンス側がキャッチすること。投げられたボールが空中にある間は、どちらのチームのものでもないので、確保した方のボールになる。インターセプトしたディフェンス側は、その時点でオフェンスに変わるため、相手陣内へのプレーを開始できる。

ディフェンス（ペイトリオッツ）のハイタワーとニンコビッチは、シーホークスのQBウィルソンか、ランニングバックのリンチのどちらかが走ってくるのではないかとランを完全に警戒しております（**B**）。これは当然ですね。

でも、ランを警戒すると、エンドゾーンにスペースが出来てしまう（**C**）。オフェンスとしては、裏をかいて、空いたゾーンにパスを投げたい。ランと思わせておいて、ワイドレシーバーの83番ロケットにパスを投げようとするんです（**D**）。そこで、ロケットの動きを見ていたバトラーが一直線に走り込んできてインターセプト。

この迷いのない走り込み方は、相当スカウティングをしているんだなとうかがわせる。プレーが始まった瞬間、バトラーはあそこに投げてくるぞと感じたんでしょうね。予習、復習を欠かさないバトラーの勘が働いたわけです。もう、神が降りてきたのかというくらい、これは凄いプレーですよ。

後藤アナ　まさに、神が降りてきた凄いプレー。これをまとめてくださ

A

試合時間残り26秒、エンドゾーン近くでのシーホークスの攻撃。

B

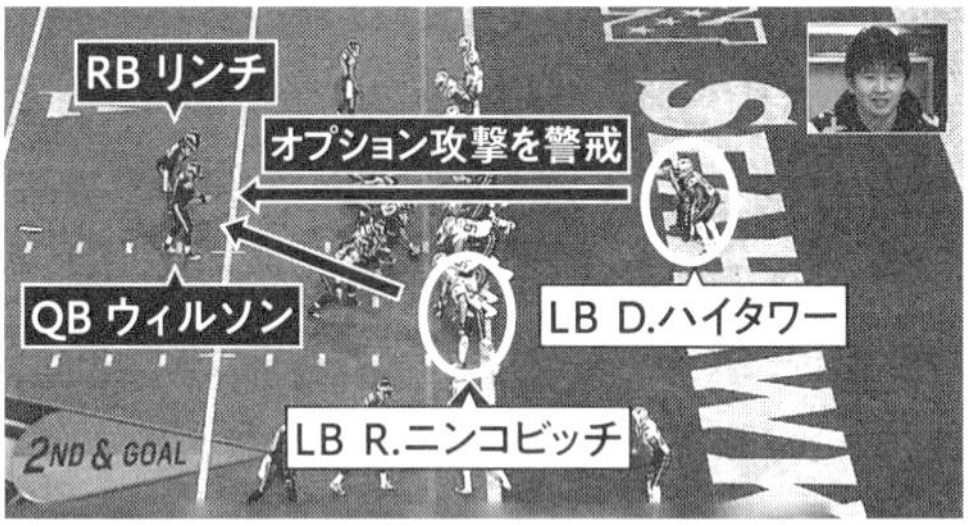

ニンコビッチとハイタワーは、ランによる攻撃を警戒している。

C

ディフェンスがランを警戒することでエンドゾーンにスペースが空く。

D

スペースに走り込んだ83番ロケットへのパスをバトラーが読み切っていた。

い。

若林　今回はもう、「バトラーがはんぱねえな」ということでございます。この一言に尽きます。

春日　なんだよ、それ！　いつもと違うぞ。もう少しうまいこと言うのを期待していたのに。

若林　春日さん、このプレーには、もう笑いとかいらないんですよ。

後藤アナ　えっ、芸人の方なのに笑いなんていらない？

若林　笑いなんていらないんだよ！　バトラーの凄さの前では、笑いなんかどうでもいいんだよ！　これを伝えるのには、あと45分くらいほしいです。

若林の熱言

バトラーがはんぱねえな。

WAKABAYASHI

熱視線 15

ホットライン

一流のQBとさんまさんは、目が合った瞬間にパスが来る。

若林　今回は、一流選手同士ならではのホットラインに注目してみたいと思います。

第2クオーター、残り23秒。前半終了間際、パッカーズの45ヤードタッチダウンパスです。ワイドレシーバーのネルソンのランアフターキャッチ（パスを取った後のラン）が素晴らしかった。トップスピードに乗ったところでパスをとったことで、タッチダウンにつながったわけです。

このプレーには、ＱＢロジャースとワイドレシーバーのネルソンの間にプロ同士、一流選手ならではのタイミング、駆け引きが隠されているのです。画面の一番奥のワイドレシーバーの選手（ネルソン）を見てください。

　この時点では、まだQBのロジャースを見ていないんですね（**A**）。ネルソンは、心の中で1、2、3とカウントしながら走っているので、このくらいの速度で、このくらいの時間がたてば、QBロジャースからパスが来るというのがわかっているわけですよ。だから振り向いて、目と目が合った瞬間にパスが来ている（**B**）。そしてトップスピードに乗っている（**C**）ということで、これは練習で何度も何度もやって、培われるプレーなんですね。

　ワイドレシーバーというのは、ずっとQBを見ながら走っているわけではないんですよ。ベテラン同士だからこそ、こういうプレーが生まれたのではないかなと思います。

後藤アナ　まさにホットラインですね。このプレーをひとことでまとめるなら、どうなりますか。

若林　今回はこちらでいかせていただきます。「一流のQBとさんまさ

A ネルソンは走り出しているが、この時点ではまだＱＢを見ていない。

B 87 番のネルソンが内側に切れ込み振り向いた瞬間にパスが来ている。

C パスを受けたネルソンが右から左サイドへ駆け抜けタッチダウン。

んは、目が合った瞬間にパスが来る」。

「さんま御殿」に何度か出演させていただきまして。我々はですね、さんまさんと目が合った瞬間にフリがきますもので。トークがないときには柱の奥のほうでじっとしている。さんまさんは、まさに超一流のQBじゃないですか。矢のようなパスが飛んできて、取れないみたいなときはありますよね。

春日　たしかに……。「さんま御殿」で、ずーっと、柱を見て終わったことがあるからな。

若林　そのくらいすごいんだよ。超一流選手は。

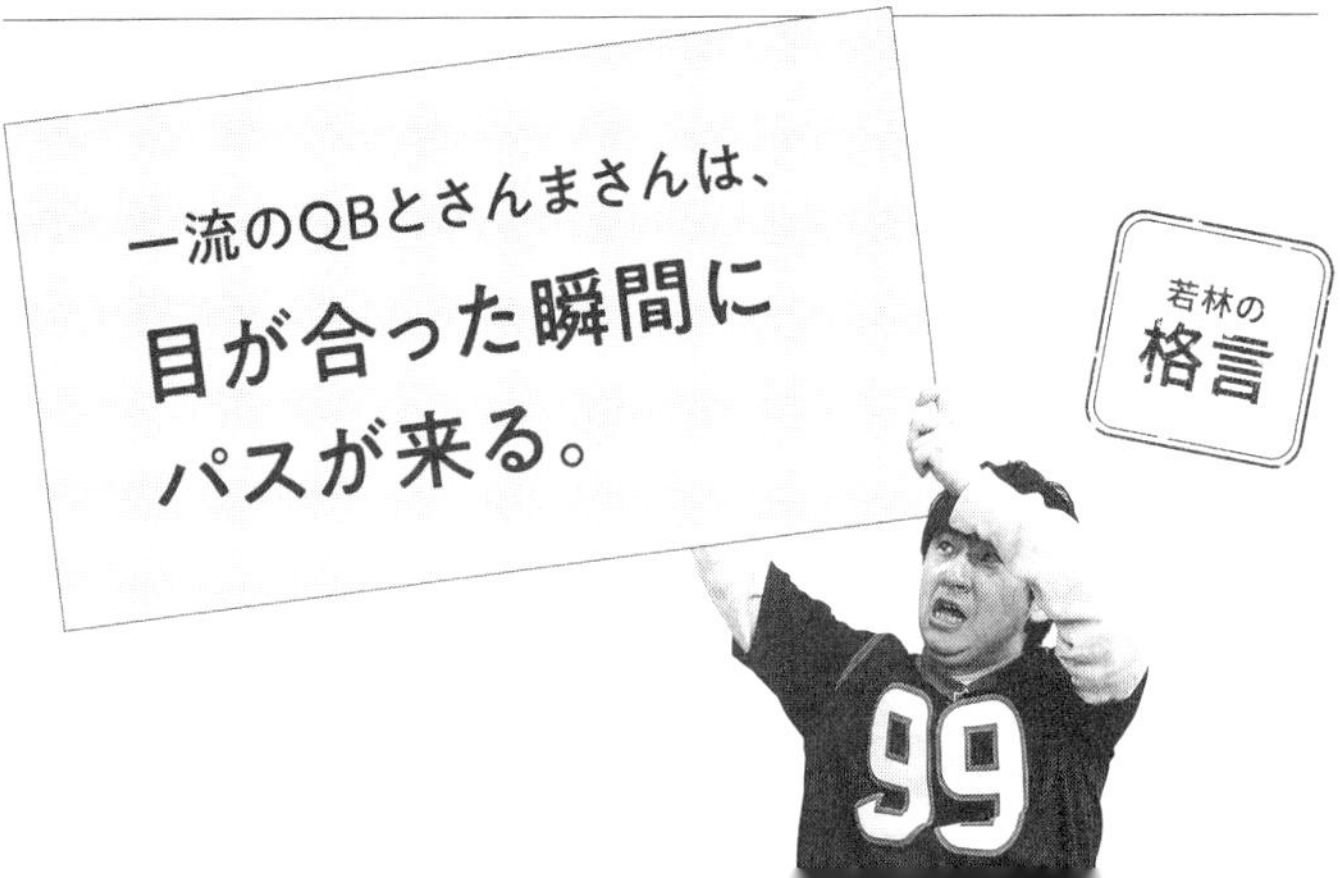

WAKABAYASHI 熱視線 16

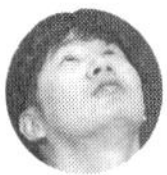

ゴール前のディフェンス

土壇場での信頼関係によって生まれたプレー。

若林　今回は土壇場での信頼関係に注目していきたいと思います。

第1クオーター、残り5分57秒。エンドゾーンまで2ヤード。レッドスキンズがオフェンス、パッカーズがディフェンスの場面で、タッチダウンを防いだプレーです。

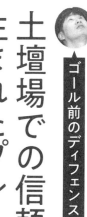

パッカーズとしては、ここでタッチダウンをとられると、試合の流れを一気に持っていかれてしまうというところですが、ディフェンスが頑張って止めました。

レッドスキンズは、ブロッカーが3人います。これは外に走りたいということなんですが（**A**）、パッカーズのディフェンスのJ・ペッパーズ＝丸印をつけた選手の体が外に入っていますよね（**B**）。これは外にいかさないためです。体を外に入れることで内側を走らせるんですよ（**C**）。このプレーを**コンテイン（★熱1）**というんですけれども、オフェンスを外にはいかさないようにして内側に入れるから、誰か頼むよ、タックルしてねというサインでもあるわけです。そこで、名ラインバッカーのクレイ・マシューズが来て、エンドラインぎりぎりで、タックルをして止めた（**D**）。つまり、みんなの信頼関係があってこそ、最後の最後で止めたというプレーにつながったということなんですね。

尾崎アナ　わかりました。では、若林さん、まとめてください。

若林　今回はランニングバックから見た「コンテインあるある」でいきたいと思います。

「たまにコンテインをスピードで振り切ろうとしてただ外に出て行ってしまうことってあるよね」

俺の足なら行けるぞと思ったら、ただ外に出てしまって、チームメイ

★熱1　オフェンスに外側を攻められないように、外から内に詰め寄り、内側に追い込むディフェンスの守り方をコンテインという。

A

丸印の3人のブロッカーは46番に外側を走らせるためにブロック。

B

パッカーズのペッパーズがブロッカーを外側から内側に追い込む。

C

レッドスキンズの46番は外ではなく、内側からエンドゾーンへ。

D

内側から走ってきた46番をパッカーズのLBマシューズがタックル。

トの前で恥ずかしいみたいな。

尾崎アナ　有馬（隼人）さん（★熱2）、いかがですか。

有馬　ディフェンスは自分の仕事をちゃんとしないといけないんですよね。タックルしたいからといって、みんなが同時にタックルしにいくと、他の選手と絡まって邪魔になって、独走されてしまったりするので。今回のプレーのように自分が体を張ってブロックすることで、他の味方の選手がタックルできるようにもっていくという。それがどれだけできるかなんですよね。

若林　いろんな選手のファインプレーで止まったということですね。

★熱2 ↓P105参照

コンテインをスピードで
振り切ろうとして
ただ外に出て行って
しまうことってあるよね。

WAKABAYASHI

熱視線 17

モーションとアークブロック

ディフェンスを減らすために、あえて〝浮かす〟。

若林　ところで尾崎さん、アメフトは何人でプレーするでしょうか。

尾崎アナ　11人！

若林　はやっ！　即答ですね、びっくりしちゃった。そう、11人です。ただ、相手の人数をもし減らすことができたとしたら、オフェンスチームはどうなると思いますか。

尾崎アナ　勝ちやすくなる……と思いますよね。

若林　まあ、言い換えれば非常に有利に攻撃ができることになりますね。今回は、うまく戦術がはまれば、相手のディフェンスを減らせるんだぞというプレーを紹介したいと思います。

第3クオーター、残り12分24秒のバイキングスの攻撃。19番の選手が**モーション**（★熱1）して、ボールを受け取ってブロックを使いながら、ゲインします。これで**ファーストダウン**（★熱2）を取りました。アメフトのルールでは、スナップ前に、オフェンスの選手がひとりだけ動くことができるんです。これをモーションといいます。丸印をつけた19番の選手、非常にいいランナーですけれども、逆サイドに走っていきます（**A**）。そうすると、ディフェンスの29番の選手が、「ああ、こちらのパスコースに出るのかな」と思ってついていきますね（**B**）。そうしたら、また19番が戻ってくるんですよ。これによって、29番の選手が置き去りにされるわけです。このモーションで、相手のディフェンスが1人減りました。その後、丸印をつけた2人の選手が**アークブロック**（★熱3）といって、弓のようなコースで走っていきます（**C**）。でも、ディフェンスの丸印をつけた選手には誰もブロックにいってませんね（**D**）。これはなぜかというと、モーションで戻ってきた19番＝ひとりだけ動いて

★熱1　ボールがスナップされているタイミングで1人だけ動くことをモーションという。モーションで動くことのできるプレーヤーはスクリメージライン（↓P65参照）にいないバックスの中の1人のみ。

★熱2　↓P81参照

★熱3　タイトエンドの選手がディフェンスエンドの外を通って、弧を描くようなコースでアウトサイドラインバッカーのブロックにいくこと。

A

バイキングスの19番がスナップの前に右から左へ移動する。

B

ディフェンスがついてきた瞬間に19番がターンして逆サイドに走る。

C

丸印をつけた2人のブロッカーが矢印の方向でブロックにいく。

D

丸印の選手には誰もブロックにいっていないが19番が置き去りに。

いる選手は助走がついていてスピードで抜き去ることができるので、ブロックする必要がないということなんですよ。丸印の選手に誰もいかない。ワンチェックも入れないいんですね。つまり、19番の選手の足の速さを信用して、ディフェンスの丸印の選手を置き去りにしようというプレーなんです。

尾崎アナ　かっこいいですね。

若林　こういうふうに、あえてブロックをしないで〝浮かす〟ということもあるんですよ。

尾崎アナ　そうなんですか！　では、若林さん、まとめをお願いします。

若林　今回は〝浮かしのプレーあるある〟です。「浮かした選手に、追いつかれてタックルされると、試合後のファミレスでイジられるよね」。今回はうまくいきましたが、猛然と走っていって後ろからばっこり行かれるときがあるんですよ。ランニングバック、レシーバー経験者はわかると思います。そうすると、試合後のファミレスで「お前、追いつかれていたな」「すみません」となるわけですね。

若林のあるある

浮かした選手に、
追いつかれてタックルされると、
試合後のファミレスで
イジられるよね。

WAKABAYASHI

熱視線 18

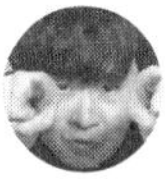

★パントリターンのブロック

謙虚な男の献身が生んだ 83ヤードのタッチダウン。

若林　今回は働き者がいかに多いか。そういうプレーに着目したいと思います。

第3クオーター、残り4分37秒。ペイトリオッツの**パントキック（★熱1）**からイーグルスのスプロールズのしびれるようなリターンです。なんと、83ヤード（約76メートル）も走りました。尾崎さん、この**リターンタッチダウン（★熱2）**はいかがでしたか。

尾崎アナ　とにかく走っていますよね。

若林　そうそう、とにかく走ってますよね。そのまんまですけど（笑）。

★熱1　↓P89参照

確かに、スプロールズの個人プレーとスピードは凄い！　でも、その陰で同じくらい、たくさん走った選手もいまして。42番のクリス・マラゴスに注目してください（**A**）。

この選手、キックの後にまずは相手オフェンスにワンチェックした後、自陣に向かってグワーッと走るんです。そして、パントキックをキャッチしたスプロールズのところまで戻って、相手のオフェンスの選手をブロックするんですよ（**B**）。

このブロックのおかげでスプロールズの83ヤードのリターンタッチダウンが成功したといっても過言ではない。マラゴスがブロックしていなかったら、スプロールズはペイトリオッツの選手にタックルされちゃってますから。しかも、後ろからブロックしたり、押してしまうと反則になるので、マラゴスはさりげなく肩をすっと入れているんです。これはスマートなファインプレーですよ。

尾崎アナ　さすがですね、カッコいい。

若林　そう、カッコいいんですよ。

★熱2　パントキックをキャッチしたレシーバーがリターンで敵に止められることなく、そのままエンドゾーンまで走りきってしまうこと。

A 42 番のマラゴスは一度前に進みチェックした後に後方へ全力疾走。

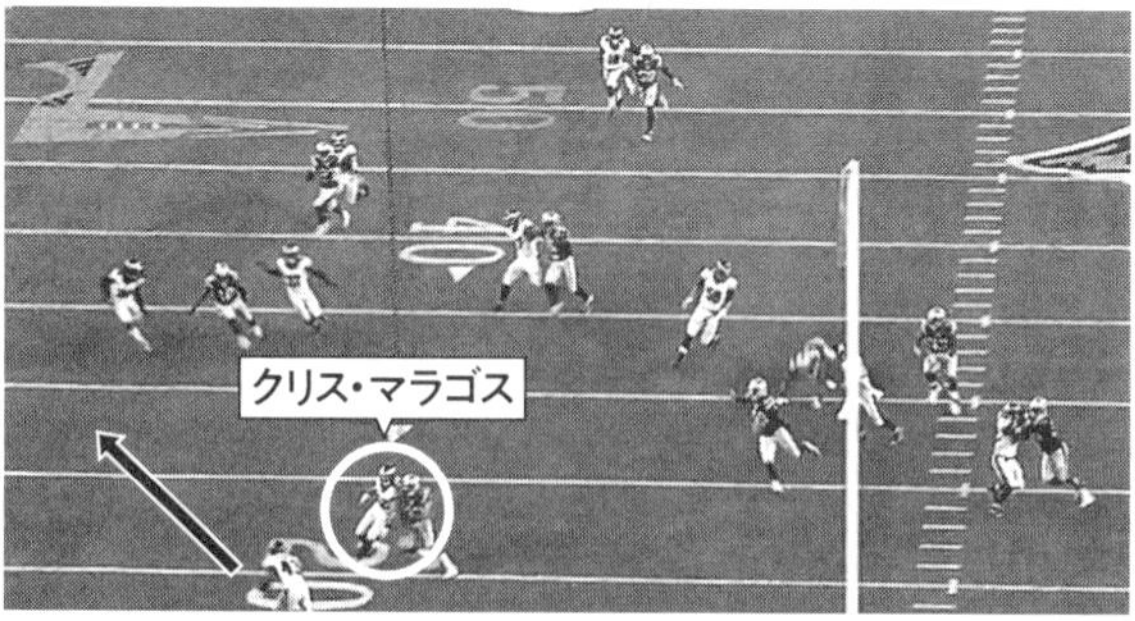

B パントキックをキャッチしたところまで戻り、肩を入れてブロック。

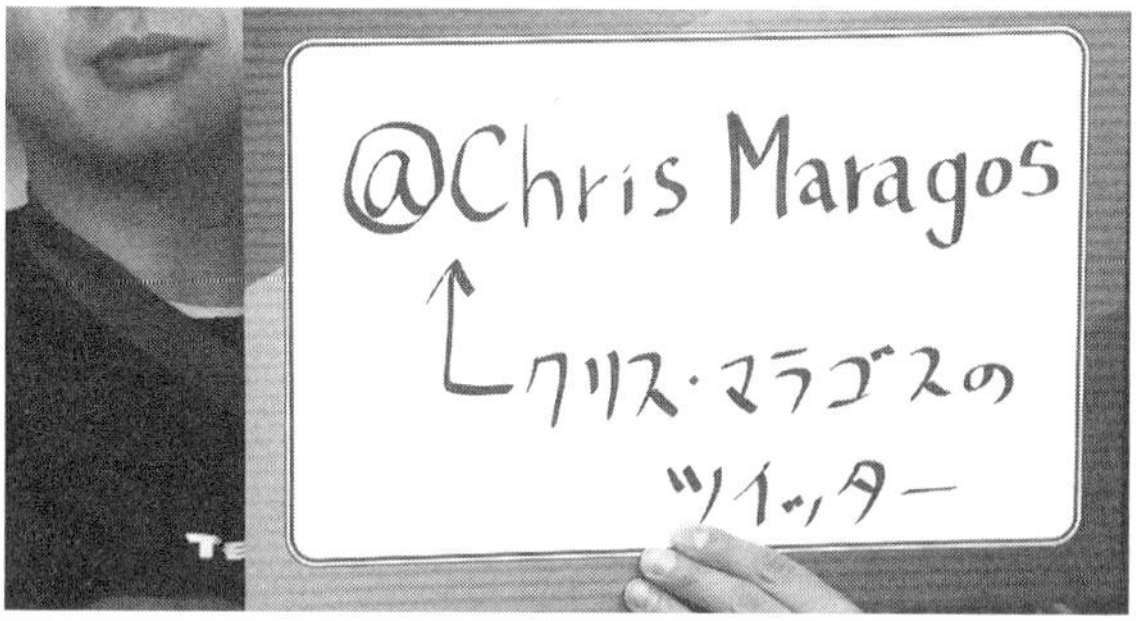

C 陰の立役者であるクリス・マラゴスにこそ、熱いメッセージを！

尾崎アナ　では若林さん、まとめをお願いします。

若林　僕はいつも、言っているんですけどね。地味なプレーのなかにも、凄いプレーはたくさんあるんです。だから、ツイッターに書いてあげてください。

クリス・マラゴスのツイッターのアカウントはこちら（@ChrisMaragos）なので（**C**）。英語が得意でない人は、「ナイスブロック」の一言だけでもいいんです。

実際、さきほどツイッターを覗いてみましたら、そう言っている人がいました。それに対して、マラゴスは「仲間のおかげだ」と言ってましてね。謙虚な男ですよ。そんな男だからこそのブロックですよ。英語がわかる人は長文で書いてあげてくださいね。よろしくお願いします。

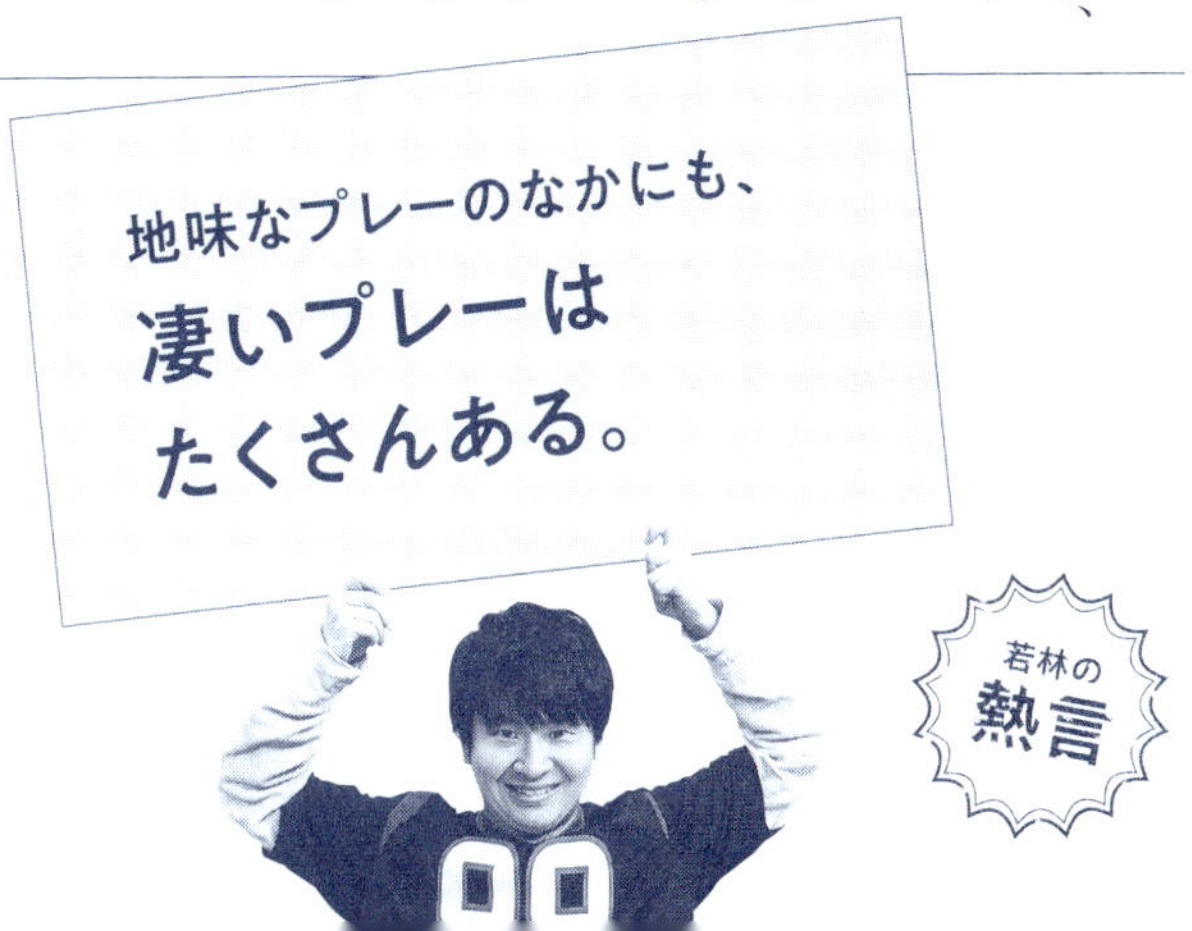

WAKABAYASHI

熱視線 19

フック&ゴー

素晴らしいプレーに、個人的な感情は持ち込みません！

若林　今回は、「悔しいけど、すごいっすね」というプレーを紹介します。ペイトリオッツのQB**トム・ブレイディ（★熱1）**のプレー――1回投げるふりをして、グロンコウスキーに決まるタッチダウンパスです。

　第3クオーター、残り約17ヤードの場面。このシーンをよく見ると、ブレイディが**オーディブル（★熱2）**でプレーを変えるんですよ。ここで、コーナーバックとセーフティがいますね（**A**）。1回投げるふりして、止まるでしょ。そうしたら、ディフェンスは投げると思って前に詰めてきますよね（**B**）。

★熱1　ペイトリオッツでプレーする2000年代から現在にかけてのNFLを代表する選手。QBとして歴代最多の5度のスーパーボウル制覇と4度のスーパーボウルMVPを獲得（2017年時点）。ペイトン・マニングと並んで史上最高のQBのひとりと評される。

その瞬間に、グロンコウスキーがまた走り出すんですよ。このプレーによって、後ろのスペースがあいてしまう。それを見たブレイディは、セーフティがギリギリ追いつかないというところにパスを投げ込んで（C）タッチダウンというわけです。

グロンコウスキーが1回止まったことで、そこにパスが来ると思って相手のコーナーバックが詰めるんですよ。これは**フック＆ゴー（★熱3）**というプレーです。しっかり状況を判断してオーディブルでプレーを変えた上で、空いたスペースにパスを通す。さすが、ブレイディというプレーですね。

尾崎アナ　すごいですね。でも若林さん、〝アンチ〟ブレイディのはずですよね？

若林　素晴らしいプレーに、個人的な感情は持ち込みません！

尾崎アナ　**森（清之）さん（★熱4）**、若林さんの解説はいかがでしたか。

森　レギュラーシーズン中、グロンコウスキーが5ヤードでフックという縦に行って止まるパスパターンを頻繁にやっていたんです。それは、

★熱2　オフェンスが事前に決めた作戦を相手ディフェンスの陣形などを見て変更すること。オフェンス全員がセットした後、QBが数字などの暗号を連呼して作戦変更を指示する。

★熱3　レシーバーが5ヤード程度走ったところで急に止まって、振り返るように戻りながらショートパスを受けるパスコースをフックという。フックした後、奥まで走ってロングパスを受けるのがフック＆ゴー。

★熱4　元アメフト日本代表ヘッドコーチ。2017年より東京大学アメフト部のヘッドコーチに就任。

A ＱＢブレイディがディフェンス２人の位置を見ながらパスフェイク。

B パスが来ると思ったディフェンスのコーナーバックが前に詰め寄る。

C 一度止まったグロンコウスキーが走り出しパスを受けてタッチダウン。

ディフェンスバックはタッチダウンを警戒して、下がりめに位置するので、その裏をかいて、５ヤードの短いフックパスを決めて走らせるというプレーが得意だったんです。ただ今回は、さらにその裏をかいたということですね。

尾崎アナ　なるほど！　では、若林さん、まとめをお願いします。

若林　逆にこれが個人的な感情なんですけど、「どうせ、チャンピオンシップでも、フック＆ゴーやってくるぞ。気をつけろ！」ということで。第３クオーターあたり、フック＆ゴーで前にあいたスペースに走り込むとかもやってきそう。

そうなると、もう頭がごちゃごちゃになってきそうでね。難しいんですよ、アメフトって。

どうせ、チャンピオンシップでも、
フック&ゴーやってくるぞ。
気をつけろ!

WAKABAYASHI

熱視線 20

エクストラポイントのルール改正

ルール改正で、タッチダウン後にもトイレに行けなくなる？

若林　今回はルール改正についてのお話をしたいと思います。

第2クオーター、残り1分3秒。ライオンズがタッチダウンを決めた後の**トライフォーポイント（★熱1）**のキックの場面ですが、尾崎アナ、これを見てどう思いますか（**A**）。

尾崎アナ　前に出てきた選手、蹴ったボールをよく止められましたね。

若林　そうなんです。実はこれ、今シーズン（2015年）の大きな話題となっているルール改正が引き起こしたプレーと言っても過言ではないんですよね。こちらの2つの画面をご覧ください（**B**）。

★熱1　タッチダウンで6点を奪った後、オフェンス側にはもう一度、ゴール前での攻撃の機会が与えられる。ゴール前2ヤードからの通常の攻撃を選択して決まれば2点、もしくはゴール前15ヤードからキックを選択してバーを越せば1点が加算される。エクストラポイントとも呼ばれる。

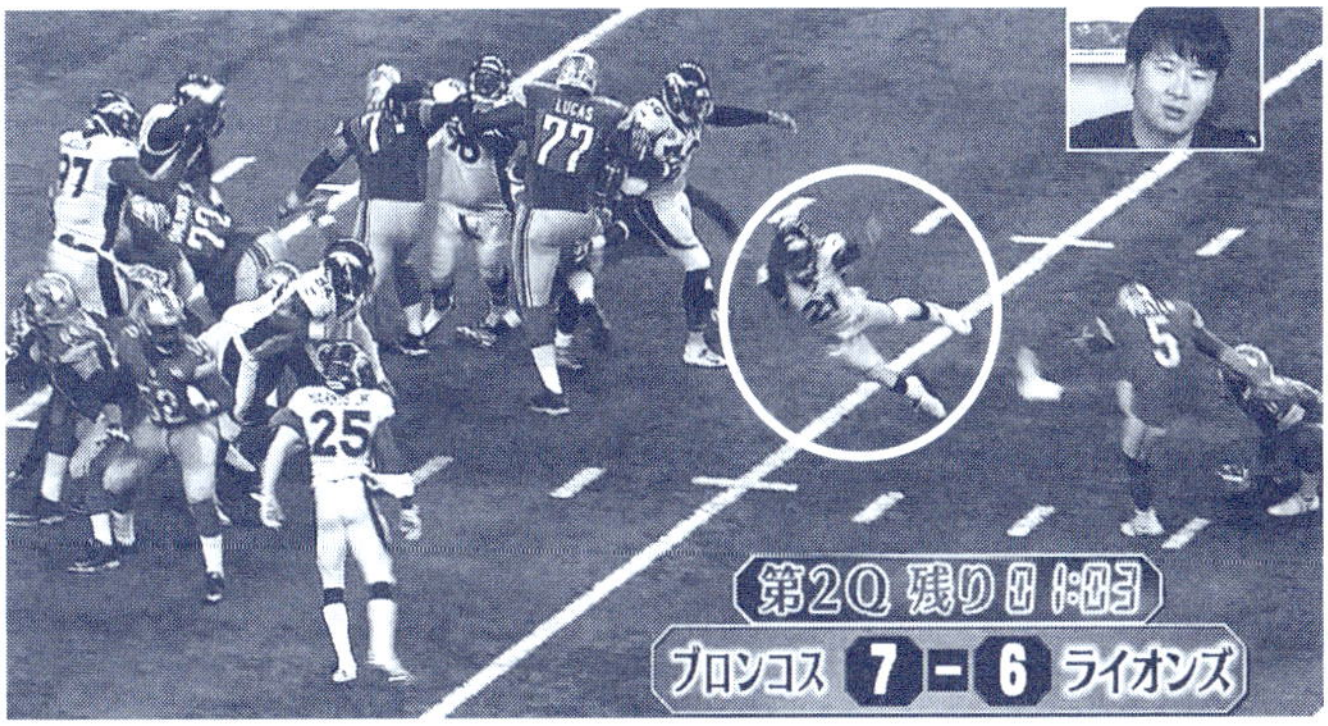

A ライオンズ5番が蹴ったボールをブロンコス 21 番が決死のブロック。

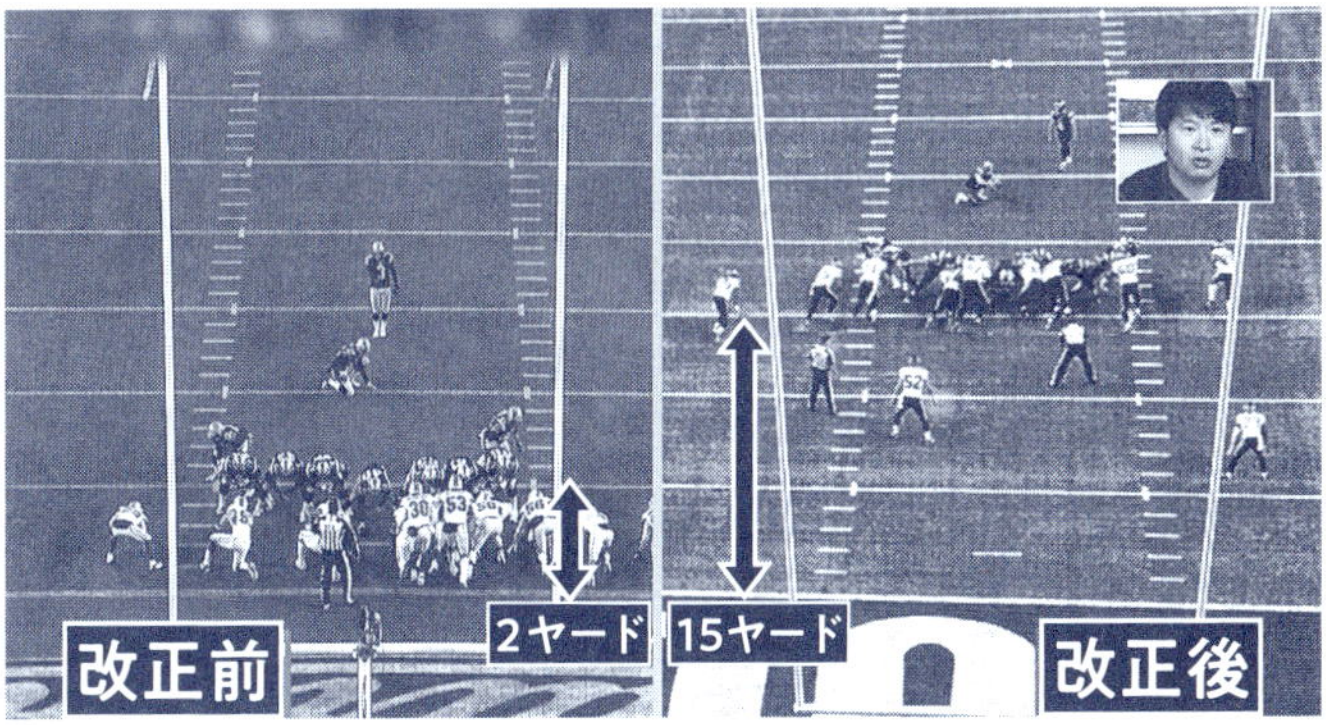

B ルール改正前（左）と改正後（右）でキックの位置が 13 ヤード変更。

左側がルール改正前の2014年までのエクストラポイントのキックのボールオンの位置（2ヤード＝約1・8メートル）ですけれども、ルール改正後は右側のように15ヤード（約13・7メートル）に変更されました。つまり、長さにして13ヤード、12mくらい後ろに下がるようにルール改正になったんですよ。キッカーとしては、以前よりも遠くに飛ばさなければいけないので力が入って、モーションが大きくなる。蹴るまでの時間も長くなるということで、そこに隙ができて、ブロンコスの21番タリブのナイスブロックが生まれたというわけです。さらに新ルールでは、改正前は認められていなかったブロック後のファンブルのリターンが可能となりました。そしてリターンに成功した場合は2点が入ることになったんですよね。ということは？　尾崎アナ、わかります？

尾崎アナ　タッチダウンで6点をあげても、エクストラポイントで2点を返されてしまうかもしれないリスクがある、ということですね。

若林　そうなんです！　つまり、オフェンス側は4点にしかならないということです。これまでのルールではエクストラポイントでのキックは

★**熱2**　タッチダウン後にゴール前2ヤードからの通常の攻撃で2点の加算を狙うこと。一般的には成功率の高いキックによる1点を狙うことが多いが、終盤にリードを許している場合などはリスクをとって2ポイントコンバージョンを選択することがある。

簡単すぎるので、必ず決まるという感じだったんですよ。でも、リーグ側がルールを改正したことにより、**2ポイントコンバージョン（★熱2）**を選択する機会が増えるのではないかと言われています。尾崎さん、ここまでは大丈夫？

尾崎アナ　はい、わかります。タッチダウンの後、2点をとるために、キックではなく通常のプレーを選択すること。

若林　そうそう。これがリーグの大きな狙いだったりするわけですけれども。つまりルールという前提を少し変えることで、スリルが生まれて試合を見るのがより面白くなっていくということです。

春日　ほー、なるへそ。じゃあ、若林くん、例のアレを。

若林　エクストラポイントが変わったことで、古くからのアメフトファンの方に注意を促したいことがあります。「エクストラポイントのキックの時間にもトイレに行けなくなりますね」。これまでのルールでは、必ず決まるものだから、みんな、この時間を利用してトイレに行っていましたね。これからはビールの量を考えながら観戦しましょう。

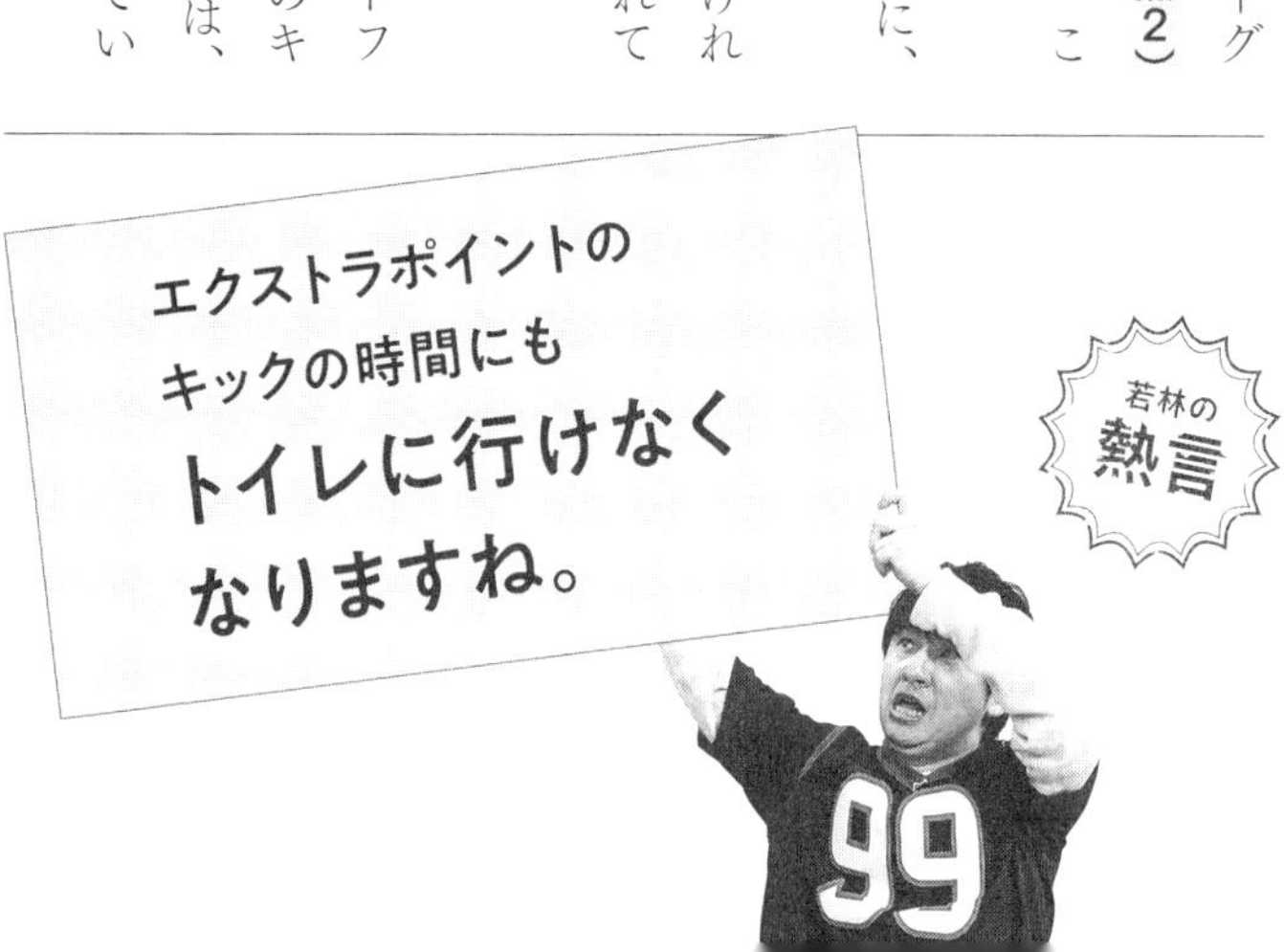

WAKABAYASHI

熱視線 21

ネイキッド

ネイキッド＝裸のプレーの正体とは？

若林　今回は、**ネイキッド（★熱1）**というプレーをご紹介したいと思います。

第4クオーター、残り12分55秒、シーホークスの攻撃でQBのウィルソンが88番のグラハムにパスを成功させて、19ヤードを獲得してファーストダウンをとったというプレーでございます。

このプレーを紐解く前に、まずは春日さん。ネイキッドというプレーをご存じですよね？

春日　ああ、ネイキッドね。たしか、空手の少年の映画だよな〜。

★熱1　ディフェンスを惑わすためのプレーのひとつで、QBがランニングバックにボールを渡すと見せかけて、そのままボールを保持しながらランニングバックとは逆の方向に走ること。ブロッカーなし（むき出しの状態）で走るため、ネイキッド（裸）という。

若林 はい、それは「ベストキッド」です。もう結構！

ネイキッド（NAKED）というのは、英語で「裸」という意味ですね。アメフトでも「ネイキッド」というプレーがあるんです。コマ送りで映像を確認してみましょう。

まず、プレーが始まると、シーホークスのラインとランニングバックが右方向に動いて（**A**）、**プレーアクション（★熱2）**＝フェイクが入ります。つまり、相手ディフェンスには、ランニングバックによるランで来るなと思わせるわけです。そうすると、QBのウィルソンがボールを渡すふりをして、逆サイドの左にボールを隠しながら走ってきて、誰もブロッカーがいなくなるんです（**B**）。つまり、丸腰＝裸だよということで、ネイキッドということなんですね。

その後の88番グラハムの動きを見てほしいのですけれども、ひとりだけ左側に走っていきますね。そうすると、98番のディフェンスエンド、ペイトリオッツのフラワーズ（**C**）がグラハムにつくならQBのウィルソンがそのまま走るよ、ウィルソンにそのままタックルに来たら、グラ

★熱2 ↓P104参照

A

オフェンスラインとランニングバックがフェイクで右方向に動く。

B

ＱＢウィルソンがボールを渡すふりをして、そのまま左へ。

C

フラワーズがグラハムにつくか、ウィルソンに行くかを瞬時に判断。

D

フラワーズがサックに来たのでウィルソンはグラハムへのパスを選択。

ハムに投げるよという2段構えのプレーで臨むわけです。

　それをQBウィルソンは、0コンマ何秒で判断して、フラワーズが自分にタックルに来たから、グラハムにパスを投げて（D）、大きくゲインしたということでございます。

　「ナイス判断！　ウィルソン」というプレーですね。

滝アナ　では若林さん。今回のネイキッドのポイントをまとめてください。

若林　今回はペイトリオッツのフラワーズがシーホークスのQBウィルソンにタックルに来たシーンを図で示したいと思います。実はフラワーズは190㎝くらいあるので、簡単そうに見えて難しいパスだったわけです。一瞬の判断でプレーを選択しながら、都バスの上を通すくらい高い位置までボールを投げているんだよということです。

　ひとことでも何でもないですが（笑）、今回は絵で表現してみました。

若林の熱言

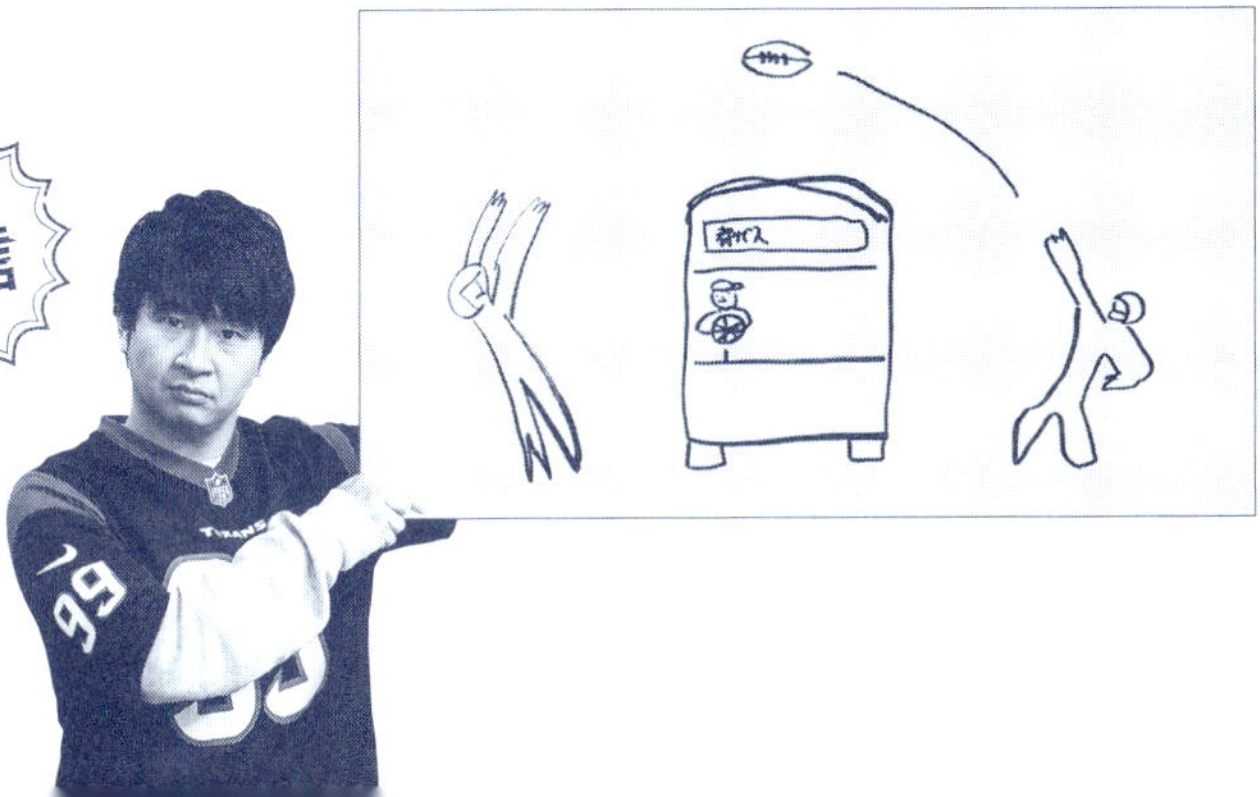

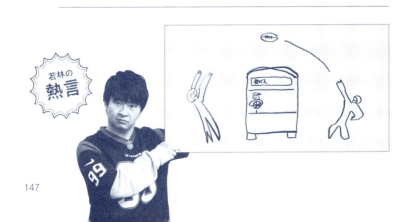

WAKABAYASHI

熱視線 22

★ゾーンブロック

ゾーンブロックも芸能界も空いている穴に走り込め!!

若林　今回は、**ゾーンブロック**（★熱1）について、解説したいと思います。第2クオーター、残り6分53秒、ブロンコスの攻撃。**ファーストダウン・テン**（★熱2）の場面です。

滝さん、このランを見てどうですか？

滝アナ　ブロックがうまくいって、ランができていますね。

若林　はい、いいですね。しっかり勉強できています。でも、ブロックにもいろいろありまして。

では、春日さん、ここでひとつ質問です。オフェンスにゾーンブロッ

★熱1　オフェンスのブロックは通常、「誰が誰を抑えるのか」が事前に決まっているが、ゾーンブロックの場合は、特定の相手を目がけてブロックにいくのではなく、自分の決められたエリア（ゾーン）を徹底してブロックする。

クをされたら、ディフェンス的にはどうですか？

春日 ゾーンブロック？ うーん、それはなんですか？ そんなの我々がプレーしていた時代にはなかったぞ。

若林 では、今から説明しますね。アメフトでは、普通、誰が誰をブロックするかが事前に決まっているわけです。でも、こちらの画面をご覧いただくと、みんなで一斉に左側に一歩、踏み出しています（**A**）。

つまり、ゾーンでブロックしていくよということで、誰をとるか（ブロックするか）というのは事前に決まっていなくて、みんなで一斉に動くことで、目の前のディフェンスの選手をとろう（ブロックしよう）ということなんです。

そして、ランニングバックは、ゾーンブロックによって、空いた**穴**（**★熱3**）に走りこもうということなんですね。だから、ランニングバックは、どこの穴が空くか見ている（**B**）。どんなディフェンスにも対応できるわけですよ。それで、61番のブロックが決まったので（**C**）、あそこが空いているということで、一気に走り込んでゲインしたんです

★熱2 ファーストダウン獲得までの距離が10ヤードということ。「1st down & 10 to go」の略で「ファーストダウン・テン」と言われる。例えば、サードダウン・ファイブであれば、サードダウン（3回目の攻撃）で残り5ヤードということ。

★熱3 ↓P85参照

A

ブロンコスのオフェンス4人が一斉に左斜め前に一歩踏み出す。

B

ランニングバックの23番がゾーンブロックで空いた穴を探している。

C

ブロンコスの61番が目の前のゾーンに入ってきた56番をブロック。

D

61番のブロックで空いた穴をランニングバックが駆け抜ける。

（**D**）。みんなアドリブで動いているわけですよ。これが、ゾーンブロックというんですね。
春日　へー、すごいね。
滝アナ　では、若林さん。今回のプレーのまとめをお願いします。
若林　今回は、その場で空いているところを見つけるという観点で「ゾーンブロックも芸能界も空いている穴に走り込め!!」と。
常に状況を見ていけということです。滝アナも、アナウンサー界で空いている穴を見つけて、そこに走り込んでいきましょう。

若林の
格言

ゾーンブロックも芸能界も
空いている穴に
走り込め!!

WAKABAYASHI

熱視線 23

★パスラッシュ

相撲の大一番が同時多発している状況。

若林　今回は、**パスラッシュ（★熱1）**というプレーを取り上げたいと思います。

第2クオーター、残り1分22秒、8点をリードされたジャイアンツの攻撃。追い上げたいところですが、QBのイーライ・マニングが**サック（★熱2）**されて、ボールをとられてしまい、攻撃権が相手のパッカーズに移るという場面です。

春日さん、このプレーを何といいますか？

春日　これはね。ワーッと行こうというプレーだね。**プレーコール（★**

★熱1　ディフェンスの選手がパスを投げようとしているQBにプレッシャーをかけることを狙って突進すること。

★熱2　↓P73参照

熱3）は「ワーッと行こう」ということで。

若林　ちょっと具体的じゃないですねー（笑）。このプレーをパスラッシュというんですけれども、スロー映像で見てみましょうか。

プレーが始まった瞬間、ディフェンスのパッカーズの選手たちは、QBのイーライが投げる前に抑えてしまおうとして、一斉に襲いかかろうとするわけです。でも、ジャイアンツのオフェンスラインの選手たちがQBを守るために、パッカーズの選手たちを懸命にブロックしている（**A**）。これは、相撲の大一番が同時多発している状況と同じですから。

この状況下で、画面右端のジャイアンツの68番ボビー・ハートがパッカーズの51番のファクレルに下手投げのようにいなされて、もらして（マークを外されて）しまう（**B**→**C**）。そして、フリーになった51番のファクレルが、パスを投げようとしているQBイーライにタックル（**D**）。そこでこぼれたボールをパッカーズがおさえて**ターンオーバー**（**★熱4**）というわけでございます。

この場面、本来はジャイアンツの68番ボビー・ハートが、QBイーラ

★熱3　ヘッドコーチやオフェンスコーディネーターから出された作戦は、QBのプレーコールによって各ポジションの選手たちが決められた動きを実行する。プレーコールは、数字と文字を組み合わせた暗号によってプレーが始まる前に伝えられる。

★熱4　オフェンスの攻撃中にインターセプトやファンブルリカバーなどによってボールを奪われ、攻守が入れ替わること。

A

ディフェンスの4人が一斉にQBに向かうのを6人がかりでブロック。

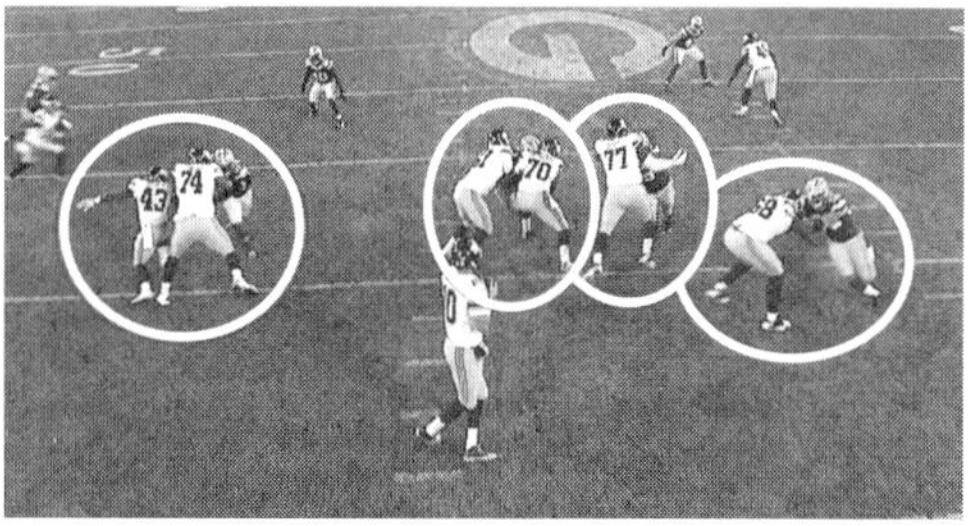

B

パッカーズの51番ファクレルとジャイアンツの68番ハートの1対1。

C

個人の戦いに勝ったファクレルがブロックを外して、一気にQBに突進。

D

QBイーライに猛然と襲いかかってファンブルを誘いターンオーバー。

イがパスを投げ切るまで、相手を抑え込まないといけないところだったんですがね。

春日　個人の戦いで負けてしまうと、チームとしてもまずいことになってしまうということだな。

若林　逆にパッカーズの51番ファクレルは個人の戦いに勝った。

春日　たいしたもんだ！　51番をほめてあげよう。

滝アナ　では、若林さん。今回のプレーのまとめをお願いします。

若林　今回はもらしちゃった（マークを外された）オフェンスラインの選手にアドバイスを。もらしてしまうと、チームメイトから結構責められるんですよ。「何、もらしてんだ！　なんで外されてんだ！」という感じでね。というわけでこちら。

「もらした後、**ハドル（★熱5）**に戻る時はあえて〝何食わぬ顔〟で戻りましょう」

これが大事なんですよ。「なにかありましたか？」という顔でハドルに戻ると、あまり責められませんからね。

★熱5　プレーとプレーの合間に選手たちがフィールド上に円陣のように集まって情報交換、情報共有を行なうこと。

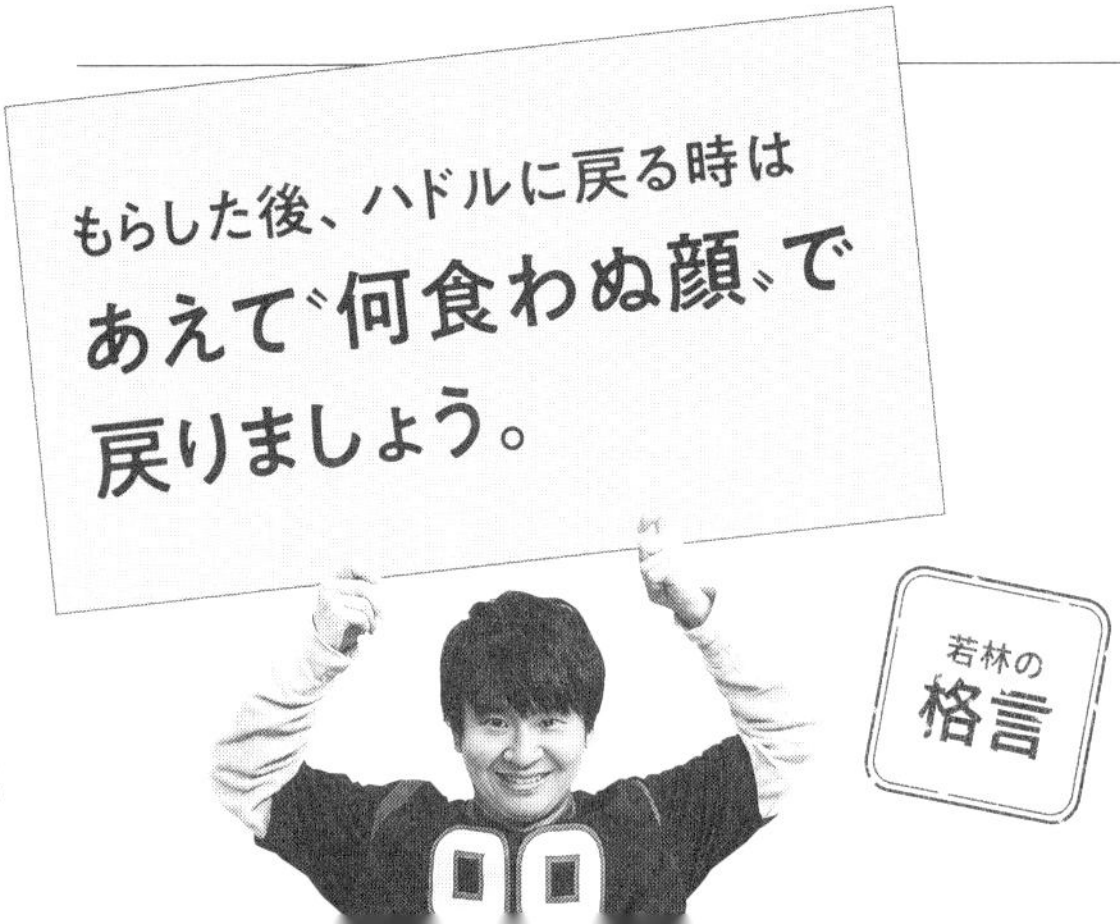

WAKABAYASHI

熱視線 24

犯人は誰だ？

パスプロと生放送をもたせる時の4秒間は永遠に感じる？

若林　今回は新コーナー「犯人は誰だ？」という視点で、プレーを紐解きたいと思います。

第4クオーター、残り11分59秒。バッカニアーズの攻撃で自陣22ヤード、**サードダウン・ロング**（★熱1）の場面です。**ファーストダウン**（★熱2）を狙ったQBウィンストンのパスがカウボーイズに**インターセプト**（★熱3）されて、**ターンオーバー**（★熱4）となります。相武さん、インターセプトされた要因は何だと思いますか？

相武　QBがパスをミスしたことが最大の要因じゃないですか。

★熱1　サードダウンで、残り7ヤード以上の場合は「ロング」、残り3ヤード以下の場合は「ショート」という。
★熱2　↓P81参照
★熱3　↓P116参照
★熱4　↓P153参照

若林　もちろん、それもあるのですが、なぜミスしてしまったかという理由があるんですね。サードダウンの14ヤードという場面でロングパスを投げたいので、オフェンスラインは**パスプロテクション（★熱5）**を4秒くらいは頑張ってほしいシチュエーションなんですよ。

ところがプレーが始まると、カウボーイズのディフェンスエンドのアービングがものすごい勢いでラッシュしてくるんです（**A**）。オフェンスラインとしては4秒はもたせなければいけないところを、2秒もたないくらいで、アービングがQBウィンストンに襲いかかり、手を肘にかけました（**B**）。その結果、パスが山なりになってしまい、インターセプトされたということです。カウボーイズの95番アービングの動きをよく見ると、内側にクッと入ってくるんですよ（**C**→**D**）。この動きによってワンチェック入れたかったランニングバックをかわし、78番の選手を振り切ってQBまで到達した。言葉は悪いですが、この試合を通じて、バッカニアーズの78番は完全にカモられていました（笑）。現役時代の春日さんみたいな感じですね。

★熱5　↓P66参照

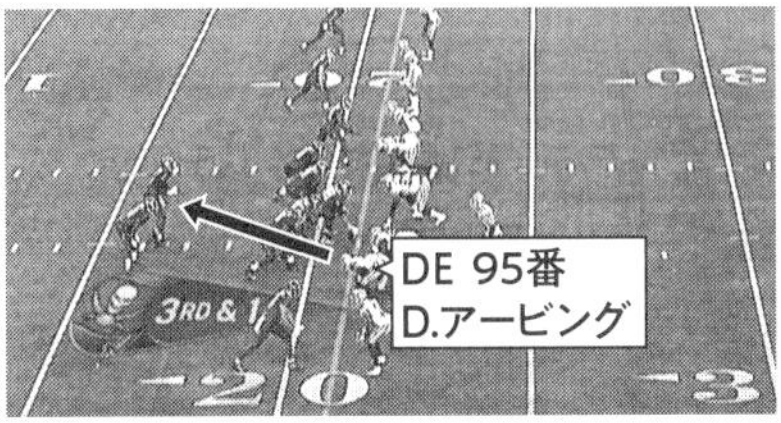

A カウボーイズのアービングが、虎視眈々とＱＢへのラッシュを狙う。

B QB がパスを投げる直前にアービングの右手が右肘にかかっている。

C 丸をつけた選手がアービング。78番はこの試合を通じて穴になった。

D アービングは前に進んだ後、内に入りランニングバックをかわした。

★熱6　アメフトにおけるコーディネーターの役割は、試合中に一つひとつのプレーを考えて指示すること。相手チームの弱点を見極め、そこを突くような作戦やアドバイスを送る。オフェンス、ディフェンス、キックチームそれぞれにコーディネーターがいる。

春日　えー!!　そんなバカな。

若林　映像を見直しても、78番は集中的にどんどんやられてしまっています。アンガールズのショートコントみたいになっていて〝じゃんがじゃんが状態〟なわけですよ。多分、あいつは穴だぞという情報が**ディフェンスコーディネーター（★熱6）**の間であったんでしょうね。

春日　悔しいねぇ〜。

滝アナ　では若林さん。今回のプレーの教訓は?

若林　今回取り上げた場面では、パスプロテクションを4秒もたせたかったわけです。ということでこちら。「パスプロと生放送をもたせる時の4秒間って永遠に感じるよなぁ　byみつを」。

春日　相田みつをはそんなこと言ってないだろ。それはダメだよ。相田みつをがアメフトについて詩を書くわけないだろ!

若林　とにかく、この4秒間は長いんですよ。

若林の
格言

**パスプロと生放送を
もたせる時の4秒間って
永遠に感じるよなぁ。**

WAKABAYASHI
熱視線 25

QBスパイ

いやらしいプレーですが、ストーカー規制法には引っかかりません!

若林　今回取り上げるのは、〝いやらしいプレー〟でして、いろいろな要素が詰まっております。

第4クオーター、残り7分54秒、**サードダウン・フォー（★熱1）**。テキサンズの攻撃でチーフスに12点リード（20－32）されているものの、得点すればまだわからないという重要な局面。ここでテキサンズが選んだのはパスプレーでございます。

QBのワトソンがボールをもらって……、でもターゲットが見つからない。全員カバーされているから自分で走りに行ったところを捕まって

★熱1　3度目の攻撃（サードダウン）で残り4ヤード。

しまったということです。これは一見、地味なプレーに見えるでしょう。何の変哲もないというか。久野さん、いかがですか？

久野アナ　普通のプレーに見えますよね。

若林　でも、ここにアメフトの面白さ、醍醐味が隠されているんですね。

春日　えー。そんな〜、ばかな！

若林　では解説いたしますと、テキサンズのQBワトソンは、ターゲットが見つからずにパスが投げられない場合は自分で走ってゲインできる選手なんですよ。そのことをチーフスがわかっていて、ケアしているんです。チーフスの57番ケビン・ピエールルイスに注目してください（**A**）。このピエールルイスがQBワトソンが走ってくることを警戒してずーっと見て、プレーが始まっても同じ場所に残っているんです（**B**→**C**）。いやらしいですね〜。ずーっとワトソンを見ていて、走ってきたぞとなったら自分で間合いを詰めてタックルしに行く（**D**）。行き詰まったワトソンは後ろから50番に捕まってしまうわけです。チーフスにすれば57番のプレーでパスカバーの人数が減るし、**パスラッシュ**

A ＱＢワトソンのランを警戒するラインバッカーのピエールルイス。

B パスの構えをしたＱＢワトソンをじっと見続けるピエールルイス。

C パスラッシュで周りを囲まれたＱＢワトソンが自ら前に走り出す。

D 走り込んできたワトソンとの間合いを詰めたピエールルイスがタックル。

★熱2　↓P152参照

★熱3　パスプレーから自分のランに切り替えるのが得意なQBに対して、ディフェンスの1選手を張り付かせる作戦。通常はインサイドのラインバッカーがマークすることが多い。

（★熱2）の人数も減るんですけど、その分ワトソンが走ってくることを警戒しようということなんですよ。

さらに言えば、チーフスのディフェンスラインのパスラッシュが回り込んでワトソンを囲い込んでいるんです。鮎を捕まえるようにわざと真ん中に追い込んで、そこに57番のピエールルイスが待ち受けているというわけでございます。

久野アナ　誘い込んでいるんですね。

若林　これは**QBスパイ（★熱3）**という技ですね。57番のピエールルイスが、QBワトソンをじと〜っと見続けているんです。イヤラシイですねぇ。

久野アナ　そうですね（笑）。では若林さん、今回のこのプレーについて、まとめていただけますか。

若林　はい、承知しました。「QBスパイはストーカー規制法には引っかかりません」。このプレーはいやらしいですけど合法なんですよ。合法だからどこにも抗議できない！　もちろん、被害届も出せません。

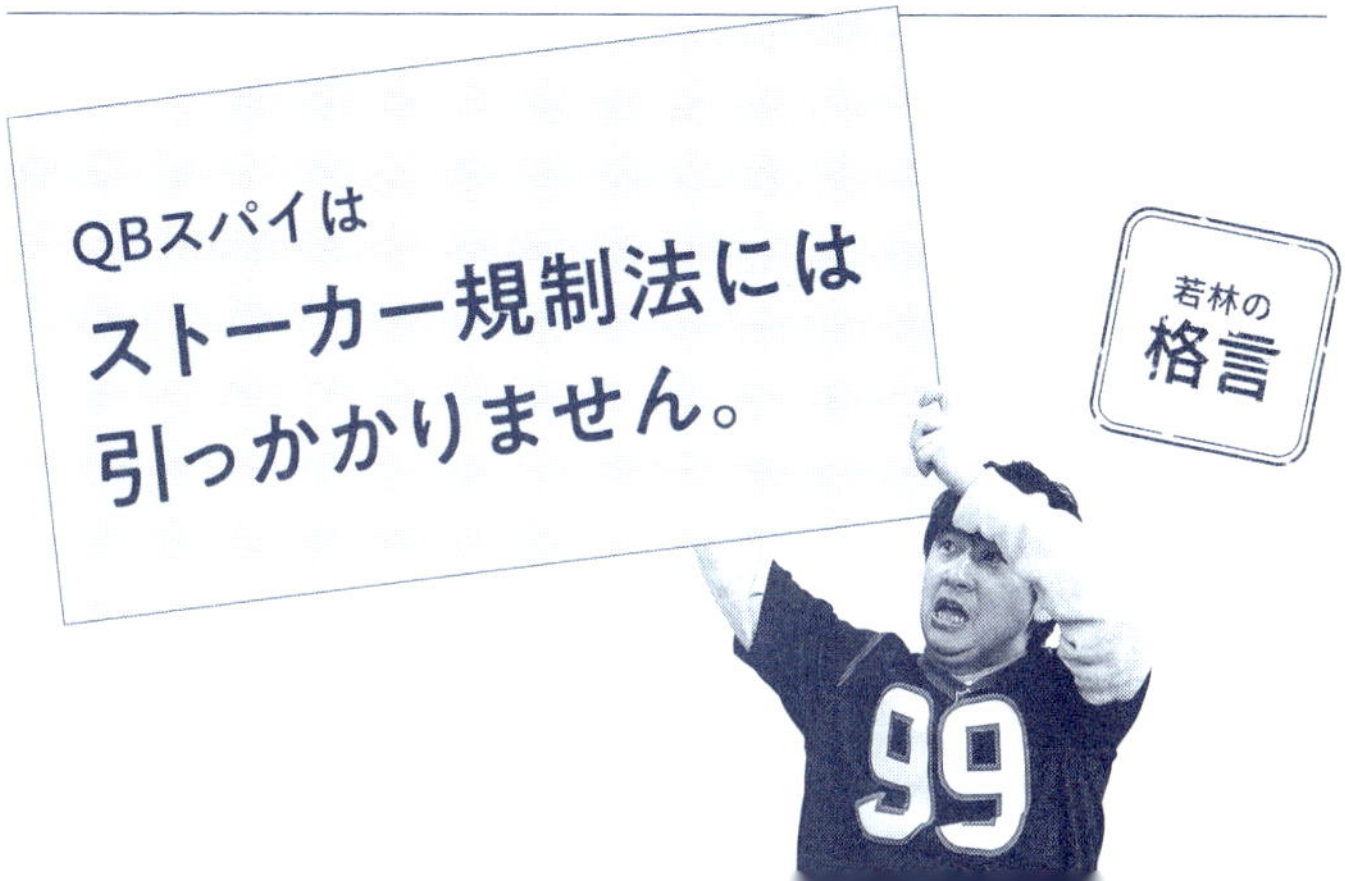

WAKABAYASHI

熱視線 26

パスカバーのゾーン

新宿区か、渋谷区か、港区か？ そのゾーンの管轄は誰だ！

若林　今回はフィールドの奥で何が起こっているのか、刮目せよというプレーをご紹介します。

第1クオーター、残り49秒のレイダースの攻撃の場面です。QBのカーが、左から中央に斜めに走り込んできたクーパーにパスを投げてキャッチ。そのままクーパーが逆サイドを走りきって、タッチダウンというプレーでございます。

久野さん、このシーンはどこに注目すると楽しいと思いますか？

久野アナ　パスを受け取ったクーパー選手がディフェンスを振り切る走

力ではないですか。

若林 なるほど。ランアフターキャッチですね。確かにすごいです。春日さんは？

春日 QBのカーが残り時間をきちんとわかっていて、間違って**ニーダウン（★熱1）**していないところかな。

若林 それは当たり前のことでしょ。あそこでNFLの選手はニーダウンしないよ。**日大二高（★熱2）**じゃないんだから。

この場面はパスカバーのゾーンという点に着目すると面白いんですね。どういうことかと言いますと、ディフェンスチームの丸で囲った部分が、それぞれの選手の担当ゾーンだと決まっているんですよ（**A**）。このゾーンにパスが投げ込まれたらお前がカットするなり、ランで来たらタックルするなりしなさいよと。そのゾーンの切れ目をレイダースがついたということなんです。

ディフェンスから見て右のマーレイと左のパーカー、そしてもうひとり奥の選手の3人の切れ目（**B**）にクーパーが走り込んでいって、Q

★熱1 スナップ直後にQBが膝を地面につけて故意にプレーを終了させること。その後も試合時間は流れ続けるため、ニーダウンは時間の消化を目的として行なわれる。

★熱2 オードリーの2人は日大二高アメフト部でプレー。東京都大会の準々決勝で全国大会常連の駒場学園相手に、第4クオーターまでリード。まだ試合残り時間がかなりある段階から、時間稼ぎのためにニーダウンを繰り返し、勝利したという。

A

ディフェンスの選手は自分が担当するゾーンが決まっている。

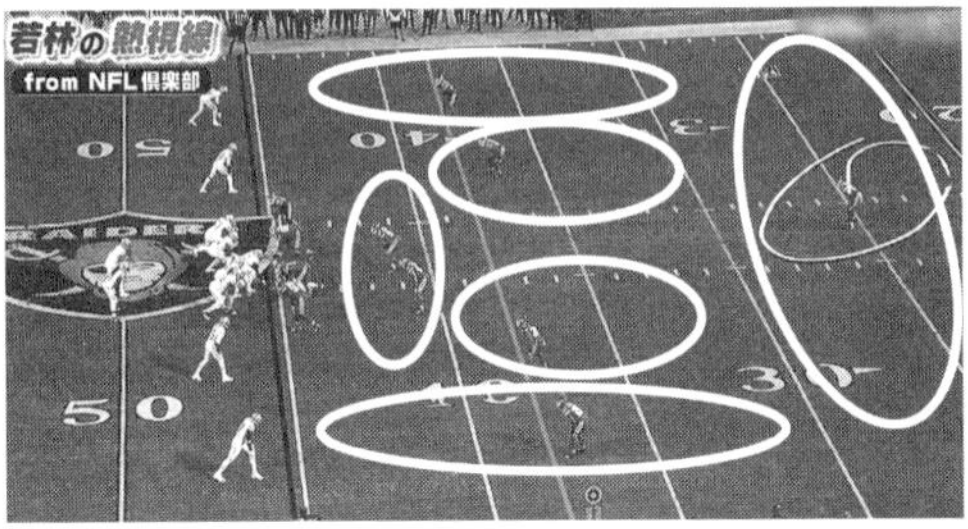

B

マーレイ、パーカー、奥の丸印の選手の間がぽっかりとあいている。

C

ぽっかり空いた真ん中のスペースにクーパーが走り込みパスキャッチ。

D

クーパーはそのまま右サイドを走りきり、タッチダウン。

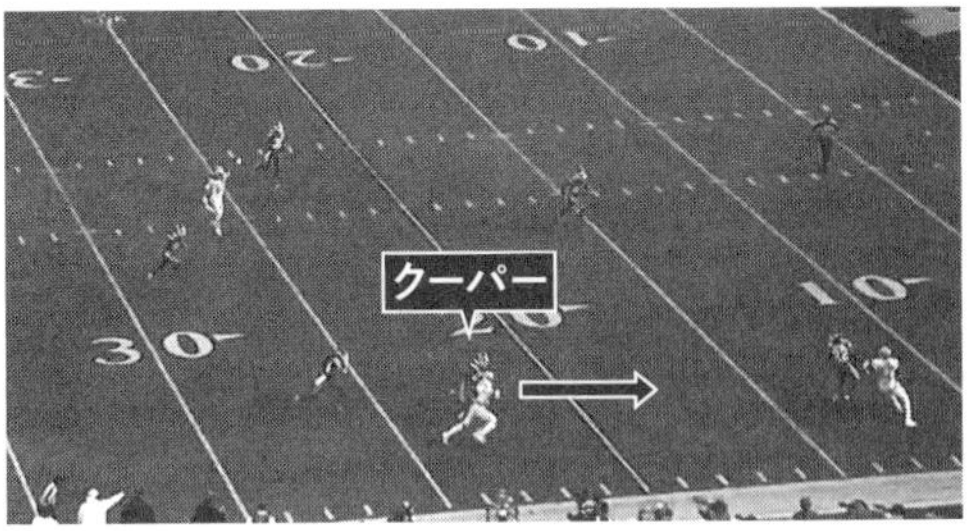

Bカーがパスを投げ込むんですね。丸をつけた49番の選手がもう2、3歩奥にいればよかったとか（**C**）、要因はいろいろあるのですが、レイダースのワイドレシーバーもディフェンスを引きつけているんですよね。その結果、切れ目にぽっかり空いたスペースに投げられて、そのままエンドゾーンまで走られてしまったということでございます（**D**）。

久野アナ　では、若林さん。今回のプレーをわかりやすくまとめてください。

若林　今回は地図を使って解説してみたいと思います。東京都の23区にたとえれば、新宿区と渋谷区と港区の間に投げ込んだみたいな（**E**）。青山一丁目か千駄ヶ谷あたりですかね。そこを誰が見るんだ、管轄は誰だ！　というような感じでしょうかね。

WAKABAYASHI
熱視線 27

ウィークポイントを突く

その一手で、弱点を見破られている。藤井四段もびっくり！

若林　今回は相手の弱点をいかに突くかというプレーを解説したいと思います。

第3クオーター、残り1分2秒でのラムズのオフェンス。セカンドダウンでエンドゾーンまで残り1ヤードです。ゴールまでもうすぐだという場面でQBからボールを渡されたランニングバックのトッド・ガーリーが勢いよく飛び込んだものの、49ersのディフェンスがラインぎりぎりで止めるんです。残念ながらタッチダウンとはなりませんでした。

この場面、ランニングバックがど真ん中を走ってきたところを49ers

のディフェンスラインがよく**穴（★熱1）**をつぶしていますね。この距離はなかなか止められるものではないですけれども、ナイスディフェンスでした。そして、その次のサードダウンのプレーを見てみましょう。

久野アナ　状況がなんか似ていますね。

若林　さすが久野アナ。よくアメフトを見てますね。セカンドダウンとまったく同じフォーメーションなんですよ。画面奥のレシーバー陣とディフェンスバック陣に注目して見て下さい。今度はワイドレシーバーのサミー・ワトキンスにタッチダウンパスが決まりました。サードダウンでは全くディフェンス陣がついてこれなかったわけです。セカンドダウン、サードダウンと同じフォーメーションで臨んだわけですが、ここにアメフトの面白さが隠れているんですね。2画面で見てみましょう（**A**）。左がセカンドダウン、右がサードダウン。比較すると、ガーリーのランとタッチダウンレシーブでのレシーブ陣の動きが全く一緒なんです（**B**）。これは、セカンドダウンでレシーバーを走らせてみて、ディフェンスがついてくるかどうか試しているんです。どうやらついてこ

★熱1　↓P85参照

A

セカンドダウン（左）、サードダウン（右）ともに同じフォーメーション。

B

ラムズのレシーバー２人は、２回連続で同じ動きをしている。

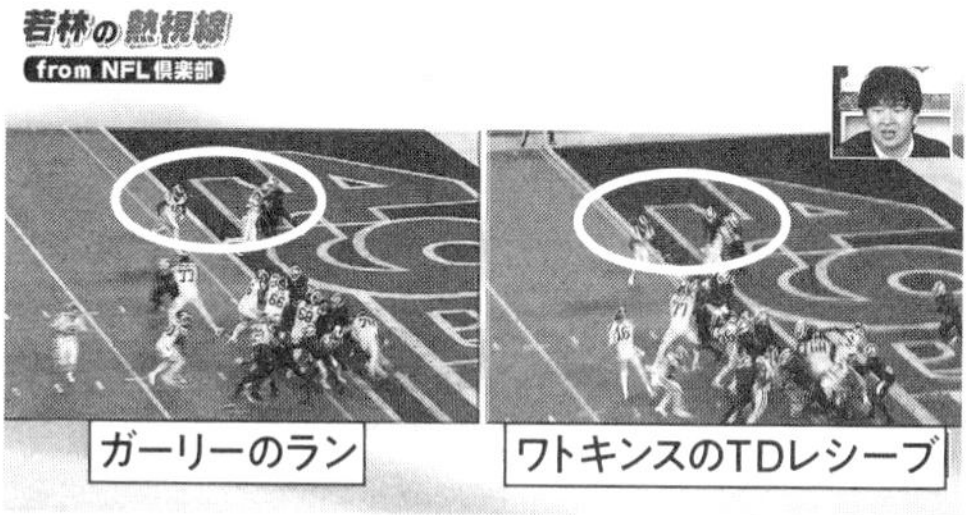

C

セカンドダウンで12番のワトキンスへの36番のカバーが甘いことを確認。

D

サードダウンでも案の定、36番のカバーが一歩甘く、タッチダウンレシーブ。

ないようだと。じゃあ、次のプレーで投げちゃいましょう、あそこが穴だよというのを、実は計っていたんです。

もう一度、セカンドダウンの動きを見てみましょう。レシーバーが斜めにクロスしながら入ってくるんです。ラムズの12番に、49ersの36番がマンカバーでついているんだけど、意外にダラダラしているじゃないかと（**C**）。ちょっとあの36番の動きは遅いぞということで、じゃあサードダウンでは投げちゃうよとなったわけです。セカンドダウンで試されたあげく、12番のレシーバーに投げたら、案の定36番のカバーが遅くてタッチダウンとなったのでございますよ（**D**）。49ersの36番が内側に入るのが一歩早ければパスをはたき落とされているところでした。

春日　ほー、そういうことか。では、今回のまとめはどうなるかな？

若林　ずばり！「その一手で、弱点を見破られている!!　藤井（聡太）四段もびっくり!!」。フリップをよく見てください。角が斜めに進んで、歩がついてこれない。試されてるんですね。奥が深いよ、アメフト！

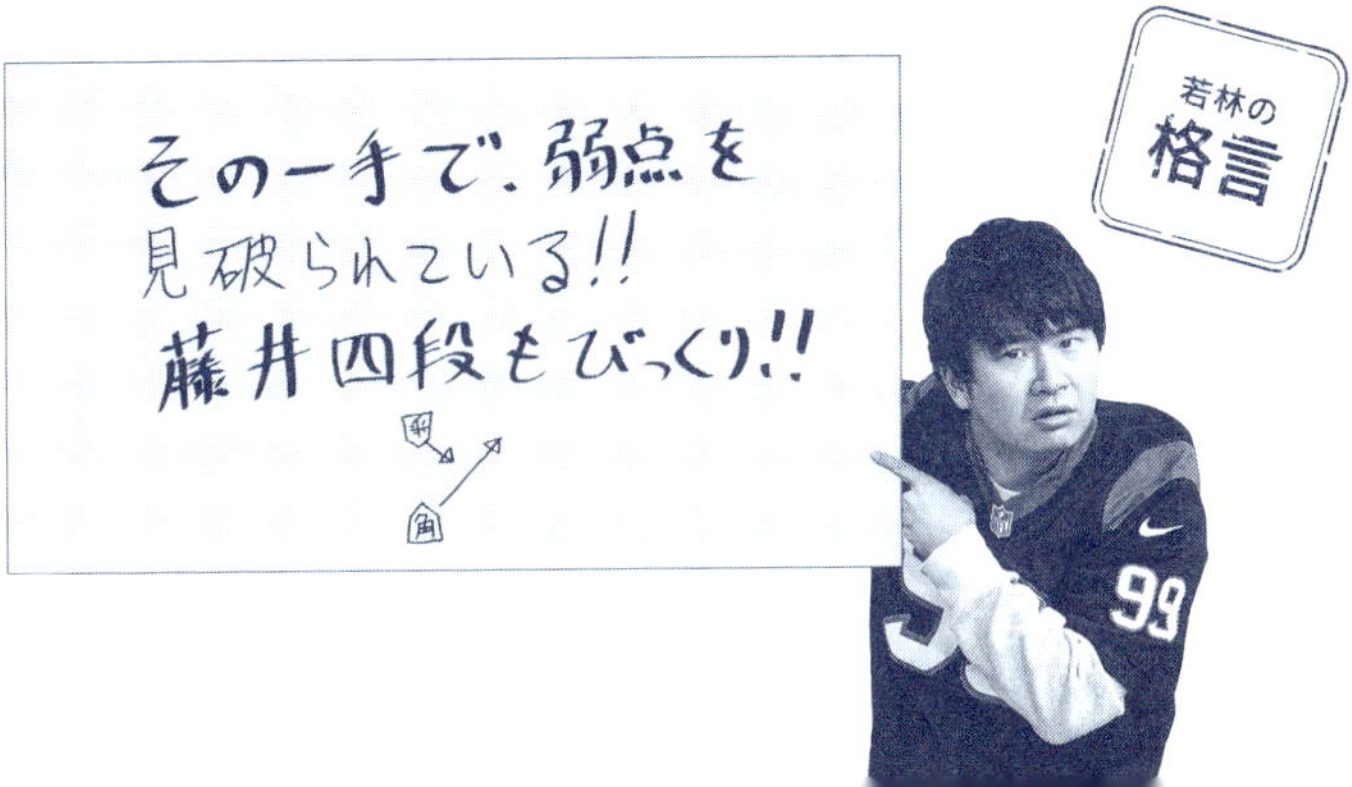

エピローグ――アメフトと芸人人生

若林正恭の場合

若手の頃は、アメフトをやっていたと言っても、「何でそんなマイナーなスポーツを選んだのか？　仕事にもならないのに」とマネージャーに変な怒られ方をしたこともありました。でも、今は芸人としてのエピソードトークにもつながっているし、街の人にも「オードリーのＮＦＬ倶楽部」見てるよと言われることもあって、かなり嬉しい。

お笑いの面でも助けられているし、少しカッコつけた言い方をさせてもらえば、アメフトをやっていたことで「頭を使えばどんな状況でも必ず打開策があるんだ」という考え方をするようになりましたね。

日大二高時代に強豪・駒場学園を破った試合でも、アンバランス、ノーハドル、オンサイドキック、わけのわからないところでのトリックプレーなど、頭をひねりながらありとあらゆる戦法で挑みました。

マンマークに付かれていたら、逆にそれを利用してミスマッチを誘うとか、真面目なディフェンスをするチームに対しては、あえて裏をかくとか、そういうプレーが僕は基本的に好きですね。

僕らの「ズレ漫才」の発想も、そんなところからきているのかもしれません。ツッコミが下手なことをボケにしてしまうというのは、正統な漫才からすれば反則中の反則ですが、普通の漫才では通用しないというのもあって、何とか考えれば道は開けるのではないかと思ったわけです。

困難な状況でも必ず抜け道はある。押してダメなら引いてみる。引いてもダメなら、あえて押されてみる。そんな術をアメフトは教えてくれるような気がします。

春日俊彰の場合

「なんでアメフトをやろうと思ったの?」と、周囲の方々からよく聞かれます。

なんでもかんでも、面白そうだったからということなのですが、端から見ればアメフトのような〝マイナー〟なスポーツを選ぶ理由が不思議なんでしょうね。変わり者というか、メジャーな人間ではないというか……。確かに私はクラスの人気者であったわけでもないですし、漫才の形も王道ではない。

そもそもメジャーではない人間だったからアメフトを選んだのか、アメフトを選んだからメジャーではない人間になったのか、そこは今だにわかりませんが、アメフトを選ぶ時点で日本では少数派に属しますね。〝変人〟と言ってもいいかもしれない。でも、アメリカでは誰もが通る道で、最もメジャーなスポーツであるわけです。そう考えると、私はアメリカ人に近いのかもしれない。国際人と言っていいのかもしれない。まあ、そんなことも考えたりするわけです。

この本でも紹介されてきましたが、アメフトには誰が見ても驚くような派手なプレーと、地味だけど非常に緻密で戦略的な要素がミックスされています。単純に面白いし、一方で奥が深いスポーツですね。

そこを「オードリーのＮＦＬ倶楽部」とともに堪能していただければと思います。

ブックデザイン
番 洋樹

本文レイアウト
鈴木知哉

カバー・扉写真
杉山拓也

本文写真（P35、39、41）
一野 洋

映像提供
日本テレビ

協力
日本テレビ
㈱ケイダッシュステージ
㈱日テレアックスオン
㈱オフィス て・ら

オードリー
日本大学第二中学校・高等学校時代の同級生である若林正恭と春日俊彰により結成されたお笑いコンビ。2000年に「ナイスミドル」というコンビ名でデビューし、2005年に「オードリー」に改名。2008年M－1グランプリで総合2位を獲得し、脚光を浴びる。その後もテレビ、ラジオ、CM、ステージなど幅広い分野で活躍中。

若林正恭（わかばやしまさやす）
1978年9月20日生まれ。東京都出身。日大二高でアメフトを始め、ランニングバックとしてプレー。オフェンスチームのキャプテンも務めた。高校2年の時に東京都大会でベスト4に進出。早稲田大学1年生との紅白戦では、75ヤードを独走してタッチダウンしたこともある。

春日俊彰（かすがとしあき）
1979年2月9日生まれ。埼玉県出身。日大二高でアメフトを始め、ディフェンスライン、オフェンスラインの両ポジションでプレー。オール関東の選抜メンバーに選ばれたこともある。

オードリーのNFL倶楽部《くらぶ》　若林《わかばやし》のアメフト熱視線《ねつしせん》

2018年1月25日　第1刷発行

編　者　オードリーのNFL倶楽部《くらぶ》
発行者　石井潤一郎
発行所　株式会社　文藝春秋
〒102-8008　東京都千代田区紀尾井町3-23
電話 03-3265-1211
印　刷　光邦
製　本　光邦

ISBN978-4-16-390789-5　Printed in Japan